OSNOVNI VODNIK ZA UDOBNO AZIJSKO HRANO

100 okusov, ki zadovoljijo dušo iz osrčja azijske kuhinje udobja

Vida Rupnik

Avtorski material ©2023

Vse pravice pridržane

Nobenega dela te knjige ni dovoljeno uporabljati ali prenašati v kakršni koli obliki ali na kakršen koli način brez ustreznega pisnega soglasja založnika in lastnika avtorskih pravic, razen kratkih citatov, uporabljenih v recenziji. Ta knjiga se ne sme obravnavati kot nadomestilo za zdravniški, pravni ali drug strokovni nasvet.

KAZALO _

KAZALO _ **3**
UVOD **6**
KOREJSKA UDOBNA HRANA **7**
    1. Hotteok z zelenjavo in rezanci 8
    2. Jajčni kruh 11
    3. Vroča in začinjena riževa torta 13
    4. Korejsko-ameriške palačinke z morsko hrano 15
    5. Veganski Bulgolgi sendvič 17
    6. Korejska torta s slanino in jajci 19
    7. Korejski riž s curryjem 21
    8. Zebra jajčna rolada 23
    9. Korejske orehove torte 25
    10. Street Toast sendvič 27
    11. Globoko ocvrta zelenjava 29
TAJVANSKA UDOBNA HRANA **32**
    12. Tajvanska ribja tempura 33
    13. Tamsui ribje kroglice 35
    14. Smrdljivi tofu 37
    15. Tajvanske mesne kroglice 39
    16. Tajvanske pokovke gobe 42
    17. Tajvanski piščanec s pokovko 44
    18. Taro kroglice 46
    19. Ocvrte gobe 48
    20. Lignji na žaru 50
    21. Tajvanska mleta svinjina in vložene kumare 52
    22. Tajvanski dušen svinjski riž 54
    23. Tajvanska piščančja enolončnica s sezamovim oljem 56
    24. Tajvanski cmoki 58
    25. Piščanec s tremi skodelicami na tajvanski način 60
    26. Tajvanski svinjski kotleti 62
    27. Goveje kocke na žaru 64
    28. Tajvanska skleda z dušenim svinjskim rižem 66
    29. Tajvanska lepljiva riževa klobasa 68
    30. Sušena svinjska jed na tajvanski način 70
    31. Tajvanski riž v zvitkih 72
JAPONSKA UDOBNA HRANA **74**
    32. Tofu v omaki s črnim poprom 75
    33. Agedashi tofu 77
    34. Sezamov shiso riž 79
    35. Japonska krompirjeva solata 81
    36. Natto 83

37. Nasu Dengaku 85
38. Ponev z ramenskimi rezanci in zrezkom 87
39. Ramen Carbonara s sirom 89
40. Ramen iz štirih sestavin 91
41. Ramen lazanja 93
42. Vroči svinjski kotlet Ramen 95
43. Miso svinjina in ramen 97
44. Pečen piščanec Katsu 99
45. Hayashi mlet goveji curry 101
46. Piščančji teriyaki 103
47. Japonska skleda lososa 105
48. Piščanec v loncu/Mizutaki 107
49. Japonski ingverjev brancin 109
50. Japonski fancy teriyaki 111

INDIJSKA UDOBNA HRANA 113
51. Piščančja Tikka riževa skleda 114
52. Skleda rjavega riža s karijem 116
53. Skleda s sirom in rižem 118
54. Indijska riževa skleda z ovčjim curryjem 120
55. Indijska kremasta skleda za kari 122
56. Indijska riževa skleda z limono 124
57. Indijska skleda Buda iz cvetače 126
58. Indijska skleda iz leče na žaru 128

KITAJSKA UDOBNA HRANA 130
59. Kitajski piščančji ocvrt riž 131
60. Začinjena zelenjavna skleda 133
61. Kitajska mleta puranova skleda 135
62. Sklede za riž iz mletega govejega mesa 137
63. Hrustljava riževa skleda 139
64. skleda lepljivega riža 141
65. Hoisin goveja skleda 143
66. Skleda s svinjino in ingverjem 145
67. Veganska poke skleda s sezamovo omako 147
68. Čili piščančja riževa skleda 149
69. Tofu Buddha Bowl 151
70. Dan riževa skleda 153
71. Skleda z mletim piščančjim rižem 155
72. Skleda z limoninimi rezanci 157
73. Piščančja riževa skleda s česnom in sojo 159

VIETNAMSKA UDOBNA HRANA 161
74. Banh Mi riževa skleda 162
75. Govedina in hrustljavi riž 164
76. Skleda s piščancem in sirarcha rižem 166

77. Skleda z govejimi rezanci z limonsko travo 168
78. Glazirana piščančja riževa skleda 170
79. Česen kozica Vermicelli 172
80. Skleda s piščančjimi cmoki in rezanci 174
81. Piščančja riževa skleda 176
82. Skleda z govejim rižem 178
83. Karamelizirana skleda s piščancem 180

TAJSKA UDOBNA HRANA 182

84. Tajski kikiriki kokos cvetača čičerika kari 183
85. Ocvrte bučke in jajce 185
86. Vegi Pad Thai 187
87. Zdrobljen krompir s čilijem na tajski način 189
88. Špageti Squash Pad Thai 191
89. Dušeni cmoki z gobami Shiitake 194
90. Tajski tofu Satay 196
91. Tajski ocvrti rezanci z zelenjavo 199
92. Tajski riževi rezanci z baziliko 202
93. Ananasov ocvrt riž 204
94. Tajski kokosov riž 206
95. Tajski rumeni riž 208
96. Prepečeni jajčevci 210
97. Tajsko ocvrto zelenje 213
98. Tajsko ocvrta špinača s česnom in arašidi 215
99. Tajska soja v skodelicah zelja 217
100. Tajski pečen sladki krompir in ube 219

ZAKLJUČEK 221

UVOD

Dobrodošli v "Vodniku po osnovni azijski udobni hrani", vašem potnem listu do 100 okusov, ki zadovoljijo dušo, iz osrčja azijske kulinarike. Ta vodnik je praznovanje bogatih, tolažilnih in raznolikih kulinaričnih tradicij, ki opredeljujejo udobno hrano v Aziji. Pridružite se nam na potovanju, ki presega poznano in vas vabi, da raziščete toplino, nostalgijo in veselje, ki prihajajo z vsako jedjo.

Predstavljajte si kuhinjo, napolnjeno z mamljivimi aromami vrejočih juh, dišečih začimb in cvrčanjem tolažilnega ocvrtega krompirčka. "OSNOVNI VODNIK ZA UDOBNO AZIJSKO HRANO" je več kot le zbirka receptov; gre za raziskovanje sestavin, tehnik in kulturnih vplivov, zaradi katerih je azijska udobna kuhinja tako globoko zadovoljiva. Ne glede na to, ali imate korenine v Aziji ali preprosto cenite okuse azijske kuhinje, so ti recepti oblikovani tako, da vas navdihnejo, da ponovno ustvarite prisrčne okuse, ki prinašajo tolažbo duši.

Od klasičnih juh z rezanci do čustvenih riževih jedi in sladkih dobrot, vsak recept je praznovanje tolažilnih okusov in kulinaričnih tehnik, ki opredeljujejo azijsko udobno hrano. Ne glede na to, ali iščete tolažbo v skledi phoja, se prepustite preprostosti congeeja ali uživate v sladkosti sladic, ki jih navdihuje Azija, je ta vodnik vaš glavni vir za izkušnjo celotnega spektra udobne azijske kuhinje.

Pridružite se nam, ko se poglobimo v osrčje azijske udobne hrane, kjer je vsaka kreacija dokaz topline in nostalgije, ki ju na mizo prinašajo ti okusi, ki zadovoljijo dušo. Torej, nadenite si predpasnik, sprejmite tolažilne arome in se podajte na okusno popotovanje skozi »Vodnik po osnovni azijski udobni hrani«.

KOREJSKA UDOBNA HRANA

1. Hotteok z zelenjavo in rezanci

SESTAVINE:
ZA TESTO
- 2 žlički suhega kvasa
- 1 skodelica tople vode
- ½ čajne žličke soli
- 2 skodelici večnamenske moke
- 2 žlici sladkorja
- 1 žlica rastlinskega olja

ZA POLNILO
- 1 žlica sladkorja
- 3 unče rezancev iz sladkega krompirjevega škroba
- ¼ čajne žličke mletega črnega popra
- 2 žlici sojine omake
- 3 unče azijskega drobnjaka, narezanega na drobno
- 1 srednja čebula, narezana na majhne kocke
- 1 čajna žlička sezamovega olja
- 3 unče korenja, narezanega na majhne kocke
- Olje za kuhanje

NAVODILA:
a) Če želite narediti testo, v skledi zmešajte sladkor, kvas in toplo vodo, mešajte, dokler se kvas ne stopi, zdaj zmešajte 1 žlico rastlinskega olja in sol, dobro premešajte.
b) Vmešajte moko in zmesite v testo, ko postane gladko, pustite počivati 1 ¼ ure, da vzhaja, med vzhajanjem iztisnite zrak, pokrijte in odložite na stran.
c) Medtem zavremo vodo in skuhamo rezance, občasno premešamo, kuhamo 6 minut pod pokrovom.
d) Osvežite pod hladno vodo, ko se zmehčajo, nato odcedite.
e) S škarjami jih narežite na ¼-palčne kose.
f) V veliko ponev ali vok dodajte 1 žlico olja in pražite rezance 1 minuto, med mešanjem dodajte sladkor, sojino omako in črni poper.
g) Dodamo drobnjak, korenček in čebulo ter dobro premešamo.
h) Ko je končano, odstavite z ognja.

i) Nato dajte 1 žlico olja v drugo ponev in segrejte, ko se segreje, zmanjšajte toploto na srednje.
j) Roko namažite z oljem, vzemite ½ skodelice testa in pritisnite v ravno okroglo obliko.
k) Zdaj dodajte nekaj nadeva in zložite robove v kroglo, tako da robove zalepite.
l) Postavite v ponev z zaprtim koncem navzdol, kuhajte 30 sekund, nato ga obrnite in stisnite navzdol, da postane približno 4 cm okrogel, to naredite z lopatico.
m) Kuhajte še 2-3 minute, dokler ne postane hrustljavo in zlato po celem.
n) Položimo na kuhinjski papir, da odstranimo odvečno maščobo in ponovimo s preostalim delom testa.
o) Postrezite toplo.

2.Jajčni kruh

SESTAVINE:
- 3 žlice sladkorja
- 1 čajna žlička pecilnega praška
- 1 žlica nesoljenega masla, stopljenega
- ½ skodelice večnamenske moke
- Ščepec soli
- ½ čajne žličke vanilijevega ekstrakta
- 4 jajca
- 1 palčka mocarele, narezana na 6 kosov
- ½ skodelice mleka
- 1 čajna žlička jedilnega olja

NAVODILA:
a) Zmešajte sol, moko, sladkor, maslo, vanilijo, 1 jajce, pecilni prašek in mleko ter stepajte dokler ne postane gladko
b) Segrejte štedilnik na 400°F in z oljem namastite 3 majhne pekače za štruce, veliki morajo biti približno 4×2×1 ½ palca.
c) Testo enakomerno vlijemo v modelčke, tako da jih napolnimo do polovice.
d) V mešanico položite 2 kosa sira na zunanjo stran, tako da je sredina čista.
e) Nato razbijte 1 jajce v sredino vsakega kositra.
f) Pecite v pečici na srednji rešetki 13-15 minut, odvisno od tega, kako želite kuhati jajce.
g) Vzemite, ko je pripravljeno, in postrezite vroče.

3.Vroča in začinjena riževa torta

SESTAVINE:
- 4 skodelice vode
- 6×8-palčne posušene alge
- 1 funt rižev kolač v obliki valja
- 7 večjih očiščenih inčunov
- ⅓ skodelice korejsko-ameriške pekoče paprike
- 3 kapesatone, narezane na 3 palčne dolžine
- 1 žlica sladkorja
- ½ funta ribjih pogač
- 1 žlica pekoče paprike v kosmičih
- 2 trdo kuhani jajci

NAVODILA:
a) Kelp in inčune dajte v plitvo ponev z vodo in segrevajte ter pustite vreti 15 minut brez pokrova.
b) Z majhno skledo zmešajte poprove kosmiče in pasto s sladkorjem.
c) Iz ponve vzamemo alge in inčune ter damo rižev kolač, mešanico popra, mlado čebulo, jajca in ribje kolačke.
d) Zaloga mora biti približno 2 ½ skodelice.
e) Ko začne vreti, nežno premešajte in pustite, da se zgosti 14 minut, zdaj bi moralo izgledati bleščeče.
f) Če rižev kolač ni mehak, dodajte še malo vode in kuhajte še malo.
g) Ko je pripravljen, ugasnite ogenj in postrezite.

4.Korejsko-ameriške palačinke z morsko hrano

SESTAVINE:
ZA PALAČINKE
- 2 srednji jajci
- 2 skodelici mešanice za palačinke, korejsko-ameriške
- ½ čajne žličke soli
- 1 ½ skodelice vode
- 2 unči školjk
- 12 srednje velikih korenin kapesant, narezanih
- 2 unči lignjev
- ¾ skodelice rastlinskega olja
- 2 unč kozic, očiščenih in razrezanih
- 4 srednje velike paprike, narezane pod kotom

ZA OMAKO
- 1 žlica kisa
- 1 žlica sojine omake
- 4 srednje velike paprike, narezane pod kotom
- ¼ čajne žličke česna
- 1 žlica vode

NAVODILA:
a) Dodajte nekaj soli v skledo z vodo in operite in odcedite morske sadeže, odložite na stran.
b) Nato zmešajte skupaj v ločeni skledi, vodo, rdeče in zelene čilije, sojino omako, česen in kis, postavite na eno stran.
c) V drugi skledi stepite jajca, mešanico za palačinke, hladno vodo in sol, dokler ne postane kremasta.
d) Postavite na ponev, rahlo namastite in segrejte.
e) Uporabite merico za ½ skodelice in mešanico vlijte v vročo ponev.
f) Zavihajte naokoli, da se mešanica izravna, zdaj pa na vrh položite 6 kosov kapesant, dodajte čili in morske sadeže.
g) Hrano rahlo vtisnemo v palačinko, nato pa po vrhu dodamo še ½ skodelice mešanice.
h) Kuhajte, dokler osnova ni zlata, približno 5 minut.
i) Zdaj palačinko nežno obrnite, ob robu dodajte malo olja in pecite še 5 minut.
j) Ko je končano, obrnite nazaj in vzemite iz ponve.
k) Enako storite s preostalim testom.

5.Veganski Bulgolgi sendvič

SESTAVINE:
- ½ srednje narezane čebule
- 4 majhne žemlje za hamburger
- 4 listi rdeče solate
- 2 skodelici sojinih kodrov
- 4 rezine veganskega sira
- Bio majoneza

ZA MARINADO
- 1 žlica sezamovega olja
- 2 žlici sojine omake
- 1 čajna žlička sezamovih semen
- 2 žlici agave ali sladkorja
- ½ čajne žličke mletega črnega popra
- 2 glavici, sesekljani
- ½ azijske hruške, po želji narezane na kocke
- ½ žlice belega vina
- 1-2 zeleni korejsko-ameriški čili papriki, narezani na kocke
- 2 stroka česna, zdrobljena

NAVODILA:
a) Naredite sojine kodre po navodilih na embalaži.
b) Nato položite celotne sestavine za marinado skupaj v veliko skledo in premešajte, da nastane omaka.
c) Z nežnim stiskanjem odstranite vodo iz sojinih kodrov.
d) Dodajte kodre z narezano čebulo v mešanico marinade in premažite vse.
e) V vročo ponev dodajte 1 žlico olja, nato dodajte celotno mešanico in pražite 5 minut, dokler čebula in kodri ne zlato porjavijo in se omaka zgosti.
f) Medtem na kruhu popečemo žemljice za hamburger s sirom.
g) Namažite z majonezo, sledi mešanica kodrov in zaključite z listi solate na vrhu.

6.Korejska torta s slanino in jajci

SESTAVINE:
ZA KRUH
- ½ skodelice mleka
- ¾ skodelice samovzhajajoče moke ali mešane moke z ¼ čajne žličke pecilnega praška
- 4 žličke sladkorja
- 1 jajce
- 1 čajna žlička masla ali oljčnega olja
- ¼ čajne žličke soli
- ¼ čajne žličke vaniljeve esence

ZA POLNILO
- 1 rezina slanine
- Sol po okusu
- 6 jajc

NAVODILA:
a) Peč segrejte na 375°F.
b) S pomočjo sklede zmešajte ¼ čajne žličke soli, moko in 4 čajne žličke sladkorja.
c) V zmes razbijte jajce in dobro premešajte.
d) Počasi prilivajte mleko, po malem, dokler ne postane gosto.
e) Pekač poškropite z mastjo, nato pa na pekač položite mešanico moke in ga oblikujte v 6 ovalov, lahko pa uporabite tudi papirnate skodelice za torte.
f) Če oblikujete, naredite majhne vdolbine v vsako in razbijte jajce v vsako luknjo ali na vrh vsake tortne skodelice.
g) Nasekljajte slanino in jo potresite po vsaki, če imate pri roki peteršilj, dodajte tudi malo.
h) Kuhajte 12-15 minut.
i) Vzemite ven in uživajte.

7.Korejski riž s curryjem

SESTAVINE:
- 1 srednje velik korenček, olupljen in narezan na kocke
- 7 unč govedine, narezane na kocke
- 2 čebuli, sesekljani
- 2 krompirja, olupljena in narezana na kocke
- ½ čajne žličke česna v prahu
- Začimbe po okusu
- 1 srednja bučka, narezana na kocke
- Rastlinsko olje za kuhanje
- 4 unče mešanice karijeve omake

NAVODILA:
a) V vok ali globoko ponev damo malo olja in ga segrejemo.
b) Začinite govedino in dodajte olje, mešajte in kuhajte 2 minuti.
c) Nato dodamo čebulo, krompir, česen v prahu in korenje, pražimo še 5 minut, nato dodamo bučke.
d) Zalijemo s 3 skodelicami vode in segrevamo, dokler ne začne vreti.
e) Zmanjšajte ogenj in na nizki temperaturi kuhajte 15 minut.
f) Počasi dodajajte mešanico karija, dokler ne postane gosta.
g) Prelijte riž in uživajte.

8. Zebra jajčna rolada

SESTAVINE:
- ¼ čajne žličke soli
- 3 jajca
- Olje za kuhanje
- 1 žlica mleka
- 1 list morskih alg

NAVODILA:
a) List alg razlomite na koščke.
b) Zdaj razbijte jajca v skledo in dodajte sol z mlekom, stepite skupaj.
c) Na kuhalnik pristavimo ponev in jo segrejemo z malo olja, bolje je, če imate ponev proti prijemanju.
d) Nalijte toliko jajca, da le pokrije dno ponve, nato pa potresite z morskimi algami.
e) Ko je jajce na pol kuhano, ga zvijte in potisnite ob stran ponve.
f) Nato namastite, če je potrebno, in prilagodite toploto, če je prevroče, položite še eno tanko plast jajc in ponovno potresite s semeni, zdaj pa prvo razvaljajte po eni strani za kuhanje in položite na drugo stran ponve.
g) To ponavljajte, dokler jajca ne zmanjka.
h) Obrnemo na desko in narežemo.

9. Korejske orehove torte

SESTAVINE:
- 1 pločevinka rdečega fižola azuki
- 1 skodelica mešanice za palačinke ali mešanice za vaflje
- 1 čajna žlička vanilijevega ekstrakta
- 1 žlica sladkorja
- 1 paket orehov

NAVODILA:
a) Zmes za palačinke pripravite po navodilih na embalaži z dodatnim sladkorjem.
b) Ko je mešanica pripravljena, jo dajte v posodo z nastavkom.
c) Uporabite 2 pekača za torte, če jih nimate, lahko uporabite modele za mafine, ki jih segrevajte na štedilniku pri nizki stopnji, pri visoki se bodo zažgali.
d) Mešanico dodajte v prvi model, vendar napolnite le do polovice.
e) Vsakemu na hitro dodajte 1 oreh in 1 čajno žličko rdečega fižola, dajte preostanek mešanice v drugo pločevinko.
f) Nato obrnite prvi kozarec na vrh drugega, poravnajte modele, kuhajte nadaljnjih 30 sekund, ko je drugi kozarec kuhan, odstranite ogenj.
g) Sedaj snemite zgornji pekač in torte preložite na servirni krožnik.

10.Street Toast sendvič

SESTAVINE:
- ⅔ skodelice zelja, narezanega na tanke trakove
- 4 rezine belega kruha
- 1 žlica soljenega masla
- ⅛ skodelice korenja, narezanega na tanke trakove
- 2 jajci
- ¼ čajne žličke sladkorja
- ½ skodelice kumare, narezane na tanke rezine
- Kečap po okusu
- 1 žlica jedilnega olja
- Majoneza po okusu
- ⅛ čajne žličke soli

NAVODILA:
a) V veliki skledi razbijte jajca s soljo, nato dodajte korenje in zelje ter premešajte.
b) Olje damo v globoko ponev in segrejemo.
c) Dodajte polovico mešanice v ponev in oblikujte 2 štruci, ki ju hranite ločeno.
d) Zdaj dodajte preostalo jajčno mešanico na vrh 2 v ponev, kar bo dalo dobro obliko.
e) Kuhajte 2 minuti, nato obrnite in kuhajte še 2 minuti.
f) V ločeni ponvi raztopite polovico masla, ko je vroče, položite dve rezini kruha in obrnite, da obe strani vpijeta maslo, kuhajte približno 3 minute, dokler ne postane zlato na obeh straneh.
g) Ponovite z ostalima 2 rezinama.
h) Ko je kuhan, ga preložimo na servirne krožnike in na vsakega dodamo ½ sladkorja.
i) Vzemite mešanico ocvrtih jajc in jo položite na kruh.
j) Dodamo kumaro in dodamo kečap in majonezo.
k) Na vrh položite drugo rezino kruha in jo prerežite na dva dela.

11. Globoko ocvrta zelenjava

SESTAVINE:
- 1 svež rdeč čili, prerezan na pol od zgoraj navzdol
- 1 velik korenček olupljen in narezan na ⅛ paličice
- 2 šopka enoki gob, ločena
- 1 bučka, narezana na ⅛ paličice
- 4 čebulice, narezane na 2 cm dolge kose
- 6 strokov česna, narezanih na tanke rezine
- 1 srednje velik sladki krompir, narezan na paličice
- 1 srednje velik krompir, narezan na palice
- Rastlinsko olje za cvrtje

ZA TESTO
- ¼ skodelice koruznega škroba
- 1 skodelica večnamenske moke
- 1 jajce
- ¼ skodelice riževe moke
- 1 ½ skodelice ledeno mrzle vode
- ½ čajne žličke soli

ZA OMAKO
- 1 strok česna
- ½ skodelice sojine omake
- 1 čebula
- ½ čajne žličke riževega kisa
- ¼ čajne žličke sezamovega olja
- 1 čajna žlička rjavega sladkorja

NAVODILA:
a) Pristavite lonec z vodo, da zavre.
b) Korenje in obe vrsti krompirja damo v vodo, odstavimo z ognja in pustimo 4 minute, nato jih vzamemo iz vode, splaknemo, odcedimo in osušimo s kuhinjskim papirjem.
c) V skledo zmešajte mlado čebulo, bučke, česen in rdečo papriko ter dobro premešajte.
d) Za mešanico testa vse suhe sestavine .
e) Sedaj stepite vodo in jajca, nato dodajte suhim sestavinam in dobro premešajte v testo.

f) Nato naredite omako tako, da skupaj stepete sladkor, kis, sojino in sezamovo olje.
g) Majhno česen in česen na drobno narežite, nato pa vmešajte v sojino mešanico.
h) V vok ali globoko ponev dodajte dovolj olja, olje naj bo globoko približno 3 cm.
i) Ko se olje segreje, zelenjavo pretlačimo skozi testo, pustimo, da odvečna količina odteče, nato pražimo 4 minute.
j) Ko je pripravljen, ga odcedite in posušite na kuhinjskem papirju.
k) Postrezite z omako.

TAJVANSKA UDOBNA HRANA

12. Tajvanska ribja tempura

SESTAVINE:
- 1 funt fileja bele ribe, narezanega na grižljaj velike kose
- 1 skodelica večnamenske moke
- ¼ skodelice koruznega škroba
- ½ čajne žličke pecilnega praška
- 1 čajna žlička soli
- 1 skodelica ledeno mrzle vode
- Rastlinsko olje za cvrtje
- Limonine rezine (za serviranje)

NAVODILA:
a) V skledi za mešanje zmešajte večnamensko moko, koruzni škrob, pecilni prašek in sol.
b) Mešanici moke postopoma dodajte ledeno mrzlo vodo in mešajte, dokler testo ni gladko in brez grudic.
c) V cvrtniku ali velikem loncu segrejte rastlinsko olje na približno 350 °F (175 °C).
d) Kose rib potopite v testo in se prepričajte, da so dobro prevlečeni.
e) Otočene ribe previdno položimo na segreto olje in jih zlato rjavo popečemo in hrustljavo zapečemo.
f) Ribe vzamemo iz olja in odcedimo na papirnatih brisačah.
g) Tajvansko ribjo tempuro postrezite vročo, skupaj z rezinami limone, da jih ožemite čez ribe.

13. Tamsui ribje kroglice

SESTAVINE:
- 1 funt filejev bele ribe (na primer trske ali morskega lista)
- ¼ skodelice škroba tapioke ali koruznega škroba
- 2 žlici ribje paste
- 1 žlica mletega česna
- 1 žlica sojine omake
- 1 čajna žlička sezamovega olja
- ½ čajne žličke belega popra
- ¼ čajne žličke soli
- 4 skodelice piščančje juhe ali vode

NAVODILA:
a) V kuhinjskem robotu zmešajte ribje fileje, dokler niso drobno mleti.
b) V skledi za mešanje zmešajte mleto ribo, tapiokin škrob ali koruzni škrob, ribjo pasto, mleti česen, sojino omako, sezamovo olje, beli poper in sol. Dobro premešamo, da nastane gladka zmes.
c) Roke zmočite z vodo in ribjo mešanico oblikujte v majhne kroglice.
d) V loncu zavremo piščančjo juho ali vodo.
e) Ribje kroglice spustimo v vrelo juho in kuhamo, dokler ne priplavajo na površje, kar pomeni, da so kuhane.
f) Ribje kroglice odstranite iz juhe z žlico z režami in jih postrezite v skledi z želeno omako za namakanje.

14. Smrdljivi tofu

SESTAVINE:
- 1 blok čvrstega tofuja
- 2 žlici kitajskega fermentiranega črnega fižola
- 2 stroka česna, nasekljana
- 1 žlica sojine omake
- 1 žlica riževega kisa
- 1 žlica čilijeve omake (neobvezno)
- Rastlinsko olje za cvrtje
- Vloženo zelje ali kimči (po želji)

NAVODILA:
a) Tofu narežemo na grižljaj velike kocke.
b) V manjši skledi z vilico pretlačimo fermentiran črni fižol.
c) V globoki ponvi ali voku segrejte rastlinsko olje za cvrtje.
d) Na vročem olju pražimo kocke tofuja, da postanejo zlato rjave in zunaj hrustljave. Odstranite in odcedite na krožniku, obloženem s papirnato brisačo.
e) V ločeni ponvi segrejte malo rastlinskega olja in prepražite sesekljan česen, dokler ne zadiši.
f) V ponev dodajte pretlačen fermentiran črni fižol, sojino omako, rižev kis in čili omako (če uporabljate). Kuhamo minuto ali dve, da se okusi povežejo.
g) Ocvrte kocke tofuja preložimo v servirni krožnik in jih prelijemo z omako iz črnega fižola.
h) Smrdljivi tofu postrezite vroč, po želji pa ga lahko dodate tudi vloženo zelje ali kimči.

15. Tajvanske mesne kroglice

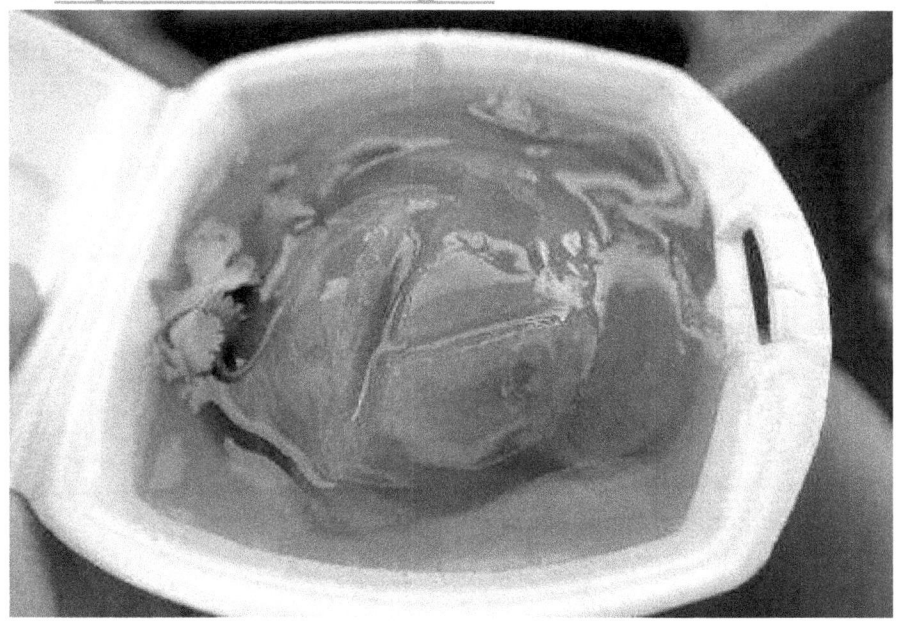

SESTAVINE:
ZA NADEV:
- 1 funt mlete svinjine
- ½ funta kozic, olupljenih in narezanih
- ½ skodelice bambusovih poganjkov, drobno narezanih
- ¼ skodelice posušenih gob šitake, namočenih in drobno narezanih
- 2 žlici sojine omake
- 2 žlici ostrigine omake
- 1 žlica sladkorja
- 1 žlica koruznega škroba
- 1 čajna žlička sezamovega olja
- Sol in poper po okusu

ZA OVOJ:
- 2 skodelici lepljive riževe moke
- 1 skodelica vode
- ½ čajne žličke soli

ZA OMAKO:
- ¼ skodelice sojine omake
- ¼ skodelice riževega kisa
- 1 žlica sladkorja
- 1 žlica koruznega škroba
- ½ skodelice vode

NAVODILA:
a) V posodi za mešanje združite vse sestavine za nadev in dobro premešajte.
b) V ločeni skledi zmešajte lepljivo riževo moko, vodo in sol, da naredite testo za zavitek. Gnetemo do gladkega.
c) Vzemite majhen del testa in ga sploščite v dlani. Na sredino položimo žlico nadeva in zberemo robove, da ga zapremo in oblikujemo kroglico.
d) Postopek ponovimo s preostalim testom in nadevom.
e) Mesne kroglice kuhajte v sopari približno 25-30 minut, dokler niso pečene.

f) Medtem ko se mesne kroglice kuhajo na pari, pripravimo omako. V ponvi zmešajte sojino omako, rižev kis, sladkor, koruzni škrob in vodo. Dobro premešamo in na srednjem ognju kuhamo toliko časa, da se omaka zgosti.
g) Ko so mesne kroglice pečene, jih vzemite iz soparnika in vroče postrezite z omako.

16.Tajvanske pokovke gobe

SESTAVINE:
- 1 funt svežih gob, očiščenih in razpolovljenih
- ½ skodelice večnamenske moke
- ½ skodelice koruznega škroba
- 1 čajna žlička pecilnega praška
- ½ čajne žličke soli
- ¼ čajne žličke črnega popra
- 1 skodelica hladne vode
- Rastlinsko olje za cvrtje
- Sol za posipanje (neobvezno)

NAVODILA:
a) V skledi zmešajte večnamensko moko, koruzni škrob, pecilni prašek, sol in črni poper.
b) Postopoma dodajte hladno vodo v mešanico moke in mešajte, dokler ne nastane gladka masa.
c) V globoki ponvi ali voku segrejte rastlinsko olje za cvrtje.
d) Razpolovljene gobe pomočimo v maso in jih enakomerno obložimo.
e) Na segreto olje previdno položimo naribane gobe in jih pražimo toliko časa, da postanejo zlato rjave in hrustljave.
f) Gobe odstranite iz olja z žlico z režami ali kleščami in jih odcedite na krožniku, obloženem s papirnato brisačo.
g) Še vroče potresemo s soljo (po želji).
h) Postrezite tajvanske pokovke kot okusen prigrizek z ulično hrano.

17. Tajvanski piščanec s pokovko

SESTAVINE:
- 1 funt piščančjih beder brez kosti, narezanih na velike koščke
- 2 žlici sojine omake
- 1 žlica vina Shaoxing (neobvezno)
- 1 žlica petih začimb v prahu
- 1 žlica česna v prahu
- 1 žlica čebule v prahu
- 1 čajna žlička paprike
- ½ čajne žličke belega popra
- ½ čajne žličke soli
- 1 skodelica krompirjevega ali koruznega škroba
- Rastlinsko olje za cvrtje

NAVODILA:
a) V skledi marinirajte kose piščanca s sojino omako, vinom Shaoxing (če ga uporabljate), petimi začimbami v prahu, česnom v prahu, čebulo v prahu, papriko, belim poprom in soljo. Dobro premešamo in pustimo marinirati vsaj 30 minut.
b) V globoki ponvi ali loncu segrejte rastlinsko olje za cvrtje.
c) Marinirane kose piščanca premažemo s krompirjevim ali koruznim škrobom, odvečno količino otresemo.
d) Obložene kose piščanca previdno polagamo v segreto olje in pražimo, da postanejo zlato rjavi in hrustljavi.
e) Piščanca odstranite iz olja z žlico z režami in ga odcedite na krožniku, obloženem s papirnato brisačo.
f) Yan Su Ji / Kiâm-So̍-Ke postrezite vroč kot priljubljen tajvanski ulični prigrizek.

18.Taro kroglice

SESTAVINE:
- 2 skodelici taroja, olupljenega in narezanega na kocke
- ½ skodelice lepljive riževe moke
- ¼ skodelice sladkorja
- Voda (po potrebi)
- Tapiokin škrob ali krompirjev škrob (za posip)

NAVODILA:
a) Taro kocke kuhajte na pari, dokler niso mehke in jih zlahka pretlačite z vilicami.
b) Poparjeni taro pretlačite do gladkega.
c) V skledi za mešanje zmešajte pretlačen taro, lepljivo riževo moko in sladkor. Dobro premešaj.
d) Postopoma, po malem dodajajte vodo in gnetite mešanico, dokler ne nastane mehko testo. Konzistenca mora biti podobna testu za igro.
e) Odtrgajte majhne koščke testa in jih razvaljajte v majhne kroglice.
f) Zavremo lonec vode.
g) Taro kroglice nežno spustimo v vrelo vodo in kuhamo dokler ne priplavajo na površje.
h) Kuhane taro kroglice vzamemo iz vode in jih prestavimo v skledo s hladno vodo, da se ohladijo in strdijo.
i) Odcedite taro kroglice in jih potresite s škrobom tapioke ali krompirjevim škrobom, da preprečite prijemanje.
j) Taro kroglice postrezite kot preliv za sladice, kot so naribani led ali sladke juhe.

19.Ocvrte gobe

SESTAVINE:
- 1 funt svežih gob, očiščenih in narezanih
- ½ skodelice večnamenske moke
- ½ skodelice koruznega škroba
- 1 čajna žlička pecilnega praška
- ½ čajne žličke soli
- ¼ čajne žličke črnega popra
- 1 skodelica hladne vode
- Rastlinsko olje za cvrtje
- Sol za posipanje (neobvezno)

NAVODILA:
a) V skledi zmešajte večnamensko moko, koruzni škrob, pecilni prašek, sol in črni poper.
b) Postopoma dodajte hladno vodo v mešanico moke in mešajte, dokler ne nastane gladka masa.
c) V globoki ponvi ali voku segrejte rastlinsko olje za cvrtje.
d) Narezane gobe pomočimo v testo in jih enakomerno obložimo.
e) Na segreto olje previdno položimo naribane gobe in jih pražimo toliko časa, da postanejo zlato rjave in hrustljave.
f) Ocvrte gobe poberemo iz olja z žlico z režami ali kleščami in jih odcedimo na krožniku, obloženem s papirnato brisačo.
g) Še vroče potresemo s soljo (po želji).
h) Ocvrte gobe postrezite kot okusen prigrizek ulične hrane.

20.Lignji na žaru

SESTAVINE:
- 2 srednje velika lignja, očiščena in brez drobovja
- 2 žlici sojine omake
- 2 žlici ostrigine omake
- 2 žlici medu
- 1 žlica sezamovega olja
- 1 žlica mletega česna
- 1 čajna žlička čilija v prahu (neobvezno)
- Sol in poper po okusu
- Lesena nabodala

NAVODILA:
a) Žar ali žar ponev segrejte na srednje močnem ognju.
b) Lignje na obeh straneh križno zarežite.
c) V skledi zmešajte sojino omako, ostrigino omako, med, sezamovo olje, sesekljan česen, čili v prahu (če ga uporabljate), sol in poper, da naredite marinado.
d) Lignje premažite z marinado in se prepričajte, da so dobro prevlečeni.
e) Lignje nabodemo na lesena nabodala, jih prebodemo skozi telo in lovke.
f) Lignje pečemo na žaru približno 3-4 minute na vsaki strani, dokler niso pečeni in imajo sledi žara.
g) Lignje odstranite z žara in jih pustite počivati nekaj minut, preden jih postrežete.
h) Lignje na žaru narežemo na manjše kose in postrežemo vroče.

21.Tajvanska mleta svinjina in vložene kumare

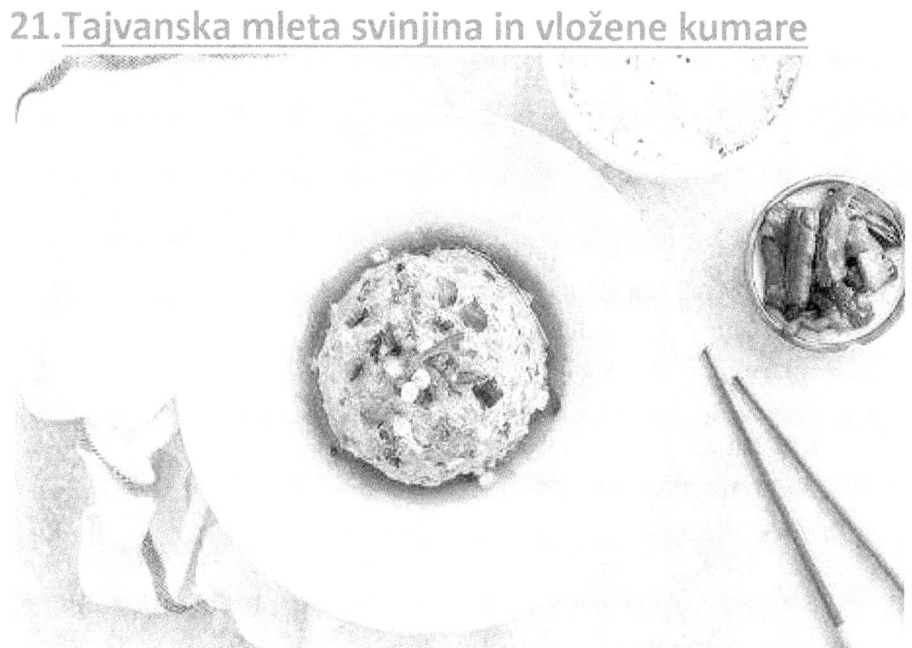

SESTAVINE:
- 1 funt (450 g) mlete svinjine
- 1 skodelica vloženih kumaric, na tanke rezine
- 2 žlici sojine omake
- 1 žlica hoisin omake
- 1 žlica riževega kisa
- 1 žlica sezamovega olja
- 2 stroka česna, nasekljana
- 1 čajna žlička mletega ingverja
- ½ čajne žličke sladkorja
- ¼ čajne žličke črnega popra
- Rastlinsko olje za kuhanje
- Zelena čebula, sesekljana (za okras)

NAVODILA:
a) V majhni skledi zmešajte sojino omako, omako hoisin, rižev kis, sezamovo olje, mlet česen, mlet ingver, sladkor in črni poper. Dati na stran.
b) V veliki ponvi ali voku na srednje močnem ognju segrejte rastlinsko olje.
c) Dodajte mleto svinjino v ponev in kuhajte, dokler ne porjavi in se skuha.
d) V ponev dodamo narezane vložene kumarice in jih med mešanjem pražimo približno 2 minuti.
e) Mešanico omake prelijemo čez svinjino in kumare. Dobro premešajte, da se poveže.
f) Kuhajte še 2-3 minute, dokler se okusi dobro ne premešajo.
g) Okrasite s sesekljano zeleno čebulo.
h) Tajvansko mleto svinjino in vložene kumare postrezite vroče z dušenim rižem.

22. Tajvanski dušen svinjski riž

SESTAVINE:
- 1 funt svinjskega trebuha, narezan na tanke rezine
- ¼ skodelice sojine omake
- ¼ skodelice temne sojine omake
- ¼ skodelice riževega vina
- 2 žlici sladkorja
- 2 stroka česna, nasekljana
- 2 zvezdasti janež
- 1 cimetova palčka
- 1 skodelica vode
- 4 skodelice kuhanega jasminovega riža
- Trdo kuhana jajca (neobvezno)
- Vložena gorčica (neobvezno)
- Sesekljana zelena čebula (za okras)

NAVODILA:
a) V ponvi popecite rezine svinjskega trebuha, dokler niso zunaj hrustljave. Odstranite in postavite na stran.
b) V isto ponev dodamo sesekljan česen in pražimo, da zadiši.
c) V ponev dodajte sojino omako, temno sojino omako, riževo vino, sladkor, zvezdasti janež, cimetovo palčko in vodo. Mešajte, da se združi.
d) Popečene rezine svinjskega trebuha vrnite v ponev in mešanico zavrite.
e) Ponev pokrijte in pustite, da se svinjina v omaki duši približno 1-2 uri, dokler se ne zmehča in se omaka ne zgosti.
f) Za serviranje dajte zajemalko kuhanega jasminovega riža v skledo ali krožnik.
g) Na riž naložite rezine dušenega svinjskega trebuha in nanj prelijte nekaj omake.
h) Okrasite s sesekljano zeleno čebulo.
i) Lu Rou Fan postrezite vroče, dodate pa mu lahko tudi trdo kuhana jajca in vloženo gorčico.

23. Tajvanska piščančja enolončnica s sezamovim oljem

SESTAVINE:
- 2 funta kosov piščanca (s kostjo in kožo)
- 3 žlice sezamovega olja
- 3 žlice sojine omake
- 3 žlice riževega vina
- 1 žlica sladkorja
- 3 stroki česna, sesekljani
- 1-palčni kos ingverja, narezan
- 2 skodelici piščančje juhe
- 1 žlica koruznega škroba (neobvezno, za zgostitev)
- Zelena čebula, sesekljana (za okras)

NAVODILA:
a) V velikem loncu ali nizozemski pečici segrejte sezamovo olje na srednji vročini.
b) Dodamo sesekljan česen in narezan ingver. Med mešanjem pražimo približno 1 minuto, da zadiši.
c) V lonec dodamo kose piščanca in jih zapečemo z vseh strani.
d) V majhni skledi zmešajte sojino omako, riževo vino in sladkor. To mešanico prelijemo čez piščanca.
e) Dodajte piščančjo juho v lonec, pokrijte in kuhajte približno 30-40 minut, dokler se piščanec ne skuha in zmehča.
f) Po želji koruzni škrob zmešamo z malo vode, da dobimo kašo in jo dodamo enolončnici, da se omaka zgosti. Dobro premešajte, da se poveže.
g) Piščančjo enolončnico s sezamovim oljem postrezite vročo, okrašeno s sesekljano zeleno čebulo in dušenim rižem.

24. Tajvanski cmoki

SESTAVINE:

- 1 paket zavitkov za cmoke
- ½ funta mlete svinjine
- ½ skodelice Napa zelja, drobno sesekljanega
- ¼ skodelice zelene čebule, drobno sesekljane
- 1 žlica mletega ingverja
- 2 žlici sojine omake
- 1 žlica sezamovega olja
- 1 čajna žlička sladkorja
- ½ čajne žličke soli
- ¼ čajne žličke črnega popra

NAVODILA:

a) V skledi za mešanje zmešajte mleto svinjino, napa zelje, zeleno čebulo, ingver, sojino omako, sezamovo olje, sladkor, sol in črni poper. Dobro premešajte, dokler niso vse sestavine enakomerno vključene.
b) Vzemite ovoj za cmoke in na sredino položite žlico svinjskega nadeva.
c) Potopite prst v vodo in navlažite robove ovoja.
d) Ovoj prepognite na pol in stisnite robove skupaj, da se zaprejo, tako da ustvarite obliko polmeseca.
e) Postopek ponovimo s preostalimi ovitki cmokov in nadevom.
f) Velik lonec vode zavrite. Cmoke dodamo v vrelo vodo in kuhamo približno 5-7 minut, dokler ne priplavajo na površje.
g) Cmoke odcedimo in vroče postrežemo s sojino omako ali vašo najljubšo omako za namakanje.

25. Piščanec s tremi skodelicami na tajvanski način

SESTAVINE:
- 1 funt (450 g) piščanca, narezanega na koščke
- ¼ skodelice sezamovega olja
- ¼ skodelice sojine omake
- ¼ skodelice riževega vina
- 1 žlica sladkorja
- 5 strokov česna, mletega
- 1-palčni košček ingverja, mletega
- 2 žlici svežih listov bazilike

NAVODILA:
a) V voku ali veliki ponvi na srednjem ognju segrejte sezamovo olje.
b) Dodamo sesekljan česen in ingver ter med mešanjem pražimo približno 1 minuto, da zadiši.
c) V vok dodajte koščke piščanca in jih pecite, dokler ne porjavijo z vseh strani.
d) V majhni skledi zmešajte sojino omako, riževo vino in sladkor. To mešanico prelijemo čez piščanca.
e) Zmanjšajte ogenj na nizko in pustite, da piščanec vre približno 20-25 minut, dokler se omaka ne zgosti in je piščanec kuhan.
f) Dodajte sveže liste bazilike in dobro premešajte, da se združijo.

26. Tajvanski svinjski kotleti

SESTAVINE:
- 4 svinjske kotlete
- 2 žlici sojine omake
- 2 žlici riževega vina
- 1 žlica sladkorja
- 2 stroka česna, nasekljana
- ½ čajne žličke petih začimb v prahu
- Sol in poper po okusu
- Rastlinsko olje za cvrtje

NAVODILA:
a) V skledi zmešajte sojino omako, riževo vino, sladkor, mleti česen, pet začimb v prahu, sol in poper. Dobro premešajte, da dobite marinado.
b) Svinjske kotlete položite v plitko posodo in jih prelijte z marinado. Prepričajte se, da so vse strani svinjskih kotletov premazane. Pustite jih marinirati vsaj 30 minut.
c) V ponvi ali ponvi segrejte rastlinsko olje na srednje močnem ognju.
d) Marinirane svinjske kotlete cvremo približno 3-4 minute na vsaki strani, dokler niso zlato rjavi in pečeni.
e) Svinjske kotlete vzamemo iz ponve in jih položimo na servirni krožnik.
f) Tajvanske svinjske kotlete postrezite vroče s kuhanim rižem ali kot nadev v sendviču v tajvanskem slogu.

27.Goveje kocke na žaru

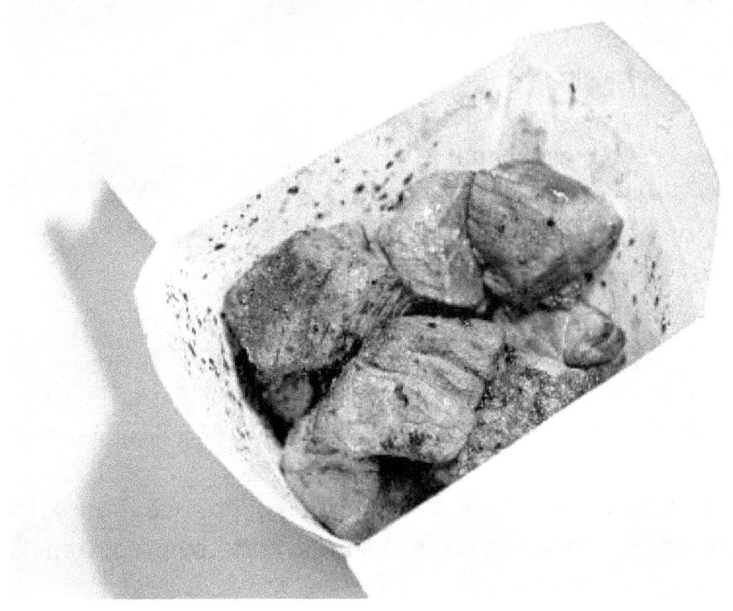

SESTAVINE:
- 1 funt govejega fileja ali rebule, narezan na 1-palčne kocke
- 2 žlici sojine omake
- 2 žlici ostrigine omake
- 2 žlici medu
- 2 stroka česna, nasekljana
- 1 žlica rastlinskega olja
- Sol in poper po okusu
- Nabodala

NAVODILA:
a) V skledi zmešajte sojino omako, omako iz ostrig, med, sesekljan česen, rastlinsko olje, sol in poper, da pripravite marinado.
b) Dodajte goveje kocke v marinado in premešajte, da se enakomerno prekrijejo. Pustite, da se marinira vsaj 30 minut ali celo noč v hladilniku.
c) Žar ali žar ponev segrejte na srednje močnem ognju.
d) Marinirane goveje kocke nataknemo na nabodala.
e) Goveja nabodala pecite približno 2-3 minute na vsaki strani, dokler niso pečena do želene stopnje pečenja.
f) Odstranite nabodala z žara in jih pustite počivati nekaj minut, preden jih postrežete.
g) Na žaru pečene goveje kocke postrezite vroče kot okusen ulični prigrizek.

28.Tajvanska skleda z dušenim svinjskim rižem

SESTAVINE:
- 1 funt (450 g) svinjskega trebuha, narezanega na grižljaj velike kose
- 3 žlice sojine omake
- 3 žlice temne sojine omake
- 2 žlici sladkorja
- 2 stroka česna, nasekljana
- 1-palčni kos ingverja, narezan
- 2 zvezdasti janež
- 1 cimetova palčka
- 2 skodelici vode
- 2 žlici rastlinskega olja
- Dušen riž, za serviranje
- Zelena čebula, sesekljana (za okras)

NAVODILA:
a) V skledi zmešajte sojino omako, temno sojino omako, sladkor, sesekljan česen, narezan ingver, zvezdasti janež, cimetovo palčko in vodo. Dobro premešajte, da dobite omako za dušenje.
b) V velikem loncu ali nizozemski pečici segrejte rastlinsko olje na srednji vročini.
c) V lonec dodamo koščke svinjskega trebuha in jih zapečemo z vseh strani.
d) Svinjino prelijemo z omako za dušenje in zavremo.
e) Zmanjšajte ogenj na nizko in pustite, da svinjina pokrito vre približno 1,5-2 uri, dokler se meso ne zmehča in se okusi dobro prepojijo.
f) Svinjino med kuhanjem občasno premešamo in po potrebi dolijemo še vode, da se ne izsuši.
g) Ko je svinjina mehka, odstranite pokrov in pustite, da se omaka zgosti dodatnih 10-15 minut na majhnem ognju.
h) Tajvansko dušeno svinjino postrezite na dušenem rižu in okrasite s sesekljano zeleno čebulo.
i) Uživajte v tej okusni in prijetni skledi za riž.

29.Tajvanska lepljiva riževa klobasa

SESTAVINE:
- 2 skodelici lepljivega riža (glutinous riž)
- 4 kitajske klobase (lap cheong)
- 2 žlici sojine omake
- 1 žlica ostrigine omake
- 1 žlica sezamovega olja
- 2 stroka česna, nasekljana
- 1 žlica rastlinskega olja
- 2 zeleni čebuli, sesekljani

NAVODILA:
a) Lepljivi riž sperite in ga namočite v vodi vsaj 4 ure ali čez noč. Riž pred kuhanjem odcedimo.
b) V sopari kuhajte lepljivi riž na pari približno 20-25 minut, dokler ne postane mehak in lepljiv.
c) Medtem ko se riž duši, skuhamo kitajske klobase. V ponev dodajte vodo in jo zavrite. Dodamo klobase in dušimo 10 minut. Odstranite jih iz vode in pustite, da se ohladijo.
d) Ko se klobase ohladijo, jih diagonalno narežemo na tanke rezine.
e) V ločeni ponvi na srednjem ognju segrejte rastlinsko olje. Dodamo sesekljan česen in pražimo, da zadiši.
f) V ponev dodamo dušen lepljivi riž in ga med mešanjem pražimo nekaj minut.
g) V ponev dodajte sojino omako, omako iz ostrig, sezamovo olje in sesekljano zeleno čebulo. Dobro premešamo, da se riž prekrije.
h) V ponev dodamo narezane klobase in med mešanjem pražimo še 2-3 minute, da se vse dobro poveže.
i) Tajvansko lepljivo riževo klobaso postrezite vročo.

30. Sušena svinjska jed na tajvanski način

SESTAVINE:
- 1 funt (450 g) svinjskih pleč, narezanih na tanke trakove
- ¼ skodelice sojine omake
- 2 žlici temne sojine omake
- 2 žlici riževega vina
- 2 žlici sladkorja
- 2 stroka česna, nasekljana
- 1 čajna žlička petih začimb v prahu
- ½ čajne žličke črnega popra
- Rastlinsko olje za cvrtje

NAVODILA:
a) V skledi zmešajte sojino omako, temno sojino omako, riževo vino, sladkor, mleti česen, pet začimb v prahu in črni poper. Dobro premešajte, da dobite marinado.
b) Svinjske trakce položite v plitvo posodo in jih prelijte z marinado. Prepričajte se, da so vse strani svinjine premazane. Pustite jih marinirati vsaj 2 uri, še bolje pa čez noč v hladilniku.
c) Pečico segrejte na 325 °F (165 °C).
d) Svinjske trakce odstranite iz marinade in jih osušite s papirnato brisačo.
e) V veliki ponvi ali voku na srednje močnem ognju segrejte rastlinsko olje.
f) Marinirane svinjske trakce pražite v serijah, dokler niso hrustljavi in popečeni na obeh straneh. Poberemo jih iz olja in odcedimo na papirnatih brisačah.
g) Ocvrte svinjske trakce položimo na pekač in pečemo v predhodno ogreti pečici približno 20-25 minut, da so popolnoma pečeni in hrustljavi.
h) Odstranite iz pečice in pustite, da se svinjska jed popolnoma ohladi.

31. Tajvanski riž v zvitkih

SESTAVINE:
- 2 skodelici kuhanega kratkozrnatega riža
- 1 funt (450 g) beljakovin po vaši izbiri (svinjina, piščanec, govedina, tofu), na tanke rezine
- 2 žlici sojine omake
- 1 žlica ostrigine omake
- 1 žlica sezamovega olja
- 1 žlica rastlinskega olja
- 4 stroki česna, sesekljani
- 1 skodelica narezane zelene solate ali druge listnate zelenjave
- 1 skodelica juliened korenja
- 1 skodelica fižolovih kalčkov
- ½ skodelice sesekljane zelene čebule
- Hoisin omaka (za serviranje)
- Sriracha ali čili omaka (za serviranje)

NAVODILA:
a) V skledi mariniramo na tanke rezine narezane beljakovine (svinjina, piščanec, govedina, tofu) s sojino omako, ostrigovo omako in sezamovim oljem. Pustite na stran vsaj 15 minut.
b) V ponvi ali voku segrejte rastlinsko olje na srednje močnem ognju.
c) V ponev dodajte sesekljan česen in ga med mešanjem pražite približno 1 minuto, da zadiši.
d) Dodajte marinirane beljakovine v ponev in kuhajte, dokler niso kuhane in rahlo karamelizirane.
e) Odstranite beljakovine iz ponve in jih postavite na stran.
f) V isti ponvi po potrebi dodajte še malo olja in nekaj minut med mešanjem pražite narezano solato, narezano korenje, fižolove kalčke in sesekljano zeleno čebulo, dokler ni zelenjava rahlo kuhana, a še vedno hrustljava.
g) Kuhan riž razdelite na servirne krožnike.
h) Na riž položimo del prepražene zelenjave in beljakovin.
i) Riž in nadeve tesno zvijte v plastično folijo ali podlogo za suši.
j) Odstranite plastično folijo ali podlogo za suši in postrezite tajvanske zvitke z omako hoisin in sriračo ali čilijevo omako ob strani.

JAPONSKA UDOBNA HRANA

32.Tofu v omaki s črnim poprom

SESTAVINE :
- 1 skodelica. koruzni škrob
- 1 ½ žličke belega popra
- 16 oz čvrst tofu, popolnoma odcejen
- 4 žlice rastlinskega olja
- 1 čajna žlička košer soli
- 2 na drobno narezani mladiči
- 3 rdeče čili paprike, brez semen in lepo narezane

NAVODILA:
a) Prepričajte se, da je tofu dobro odcejen in ga posušite s papirnato brisačo. Nanj lahko pritisnete težko desko za rezanje, da odstranite vso tekočino.
b) Tofu narežite na tanke čvrste kocke
c) Zmešajte koruzni škrob z belim poprom in soljo.
d) Tofu stresite v mešanico moke, pazite, da so kocke dobro pokrite.
e) Postavite jih v vrečko Ziploc za 2 minuti
f) V ponev proti prijemanju vlijemo olje, ko se segreje, prepražimo kocke tofuja na hrustljave kocke
g) Fry v serijah in
h) Okrasite z narezano papriko in glavico

33.Agedashi tofu

SESTAVINE:
- Olje z okusom, tri skodelice
- Koruzni škrob, štiri žlice
- Sojina omaka, dve žlici
- Katsuobishi, kot je potrebno
- Tofu, en blok
- Mirin, dve žlici
- Redkev Daikon po potrebi
- Po želji čebulice
- Shichimi Togarashi, peščica
- Dashi, ena skodelica

NAVODILA:
a) Tofu ovijte s tremi plastmi papirnatih brisač in na vrh položite še en krožnik. Petnajst minut odcejajte vodo iz tofuja.
b) Daikon olupimo in naribamo ter nežno odcedimo vodo. Zeleno čebulo narežemo na tanke rezine.
c) V majhno ponev dajte dashi, sojino omako in mirin ter zavrite.
d) Tofu odstranite iz papirnatih brisač in ga narežite na osem kosov.
e) Tofu obložimo s krompirjevim škrobom, pri čemer pustimo odvečno moko, in takoj cvremo, da postane svetlo rjav in hrustljav.
f) Odstranite tofu in odcedite odvečno olje na krožniku, obloženem s papirnatimi brisačami ali rešetko.
g) Za serviranje dajte tofu v servirno skledo in nežno prelijte omako, ne da bi tofu zmočili.

34. Sezamov shiso riž

SESTAVINE :
- 2 skodelici. kuhan riž (kratkozrnat)
- 12 listov shiso
- 6 kosov umeboshi, izkoščičenih in narezanih
- 2 žlici sezamovih semen, lepo opečenih

NAVODILA:
a) V čisti globoki skledi zmešajte kuhan riž, umeboshi, liste shiso in sezamovo seme.
b) Postrezite

35.Japonska krompirjeva solata

SESTAVINE :
- 2 funta rdečerjavega krompirja. Olupljen, kuhan in pretlačen
- 3 kumare. Drobno narezan
- ¼ čajne žličke morske soli
- 3 žličke riževega vinskega kisa
- 1 žlica japonske gorčice
- 7 žlic japonske majoneze
- 2 korenčka. Na četrtine in na tanke rezine
- 1 čebulica rdeče čebule. Drobno narezan

NAVODILA:

a) Narezane kumare položimo v skledo, jih potresemo s soljo in pustimo stati 12 minut. Odlijemo odvečno vodo in kumare osušimo v papirnati brisači

b) V majhni skledi zmešajte gorčico, majonezo in kis

c) V drugo veliko skledo stresite pire krompir, mešanico majoneze, kumare in korenje. Dobro premešajte, da dosežete enakomerno mešanico

36. Natto

SESTAVINE:
- Čebulice, za okras
- Natto, ena žlica
- Sojina omaka, pol žličke
- Saikkyo, ena in pol čajne žličke
- Tofu, pol bloka
- Miso, dve žlici
- Wakame semena, peščica
- Dashi, dve skodelici

NAVODILA:
a) V jušnem loncu zavrite daši in v tekočino dajte žlico nata. Dušimo dve minuti.
b) Postavite miso paste v lonec in s hrbtno stranjo žlice raztopite paste v dashiju.
c) Dodajte wakame in tofu ter dušite še 30 sekund.
d) Okrasite s česmi.
e) Postrezite takoj.

37.Nasu Dengaku

SESTAVINE:
- Japonski jajčevec, tri
- Aromatizirano olje, ena žlica
- Sake, dve žlici
- Sladkor, dve žlici
- Miso, štiri žlice
- Sezamovo seme, po potrebi
- Tofu, en blok
- Mirin, dve žlici
- Daikon redkev, tri
- Konnyaku, peščica

NAVODILA:
a) V ponvi zmešajte sake, mirin, sladkor in miso.
b) Dobro premešamo, da se poveže in nato pustimo vreti na najnižjem ognju. Neprestano mešajte in kuhajte nekaj minut.
c) Tofu ovijte z dvema listoma papirnate brisače in ga za 30 minut pritisnite med dvema krožnikoma.
d) Tofu in jajčevce položite na obrobljen pekač, obložen s pergamentnim papirjem ali silikonskim pekačem. S čopičem nanesite rastlinsko olje na zgornji in spodnji del tofuja in jajčevcev.
e) Pečemo pri 400 stopinjah dvajset minut ali dokler se jajčevci ne zmehčajo.
f) Previdno z žlico nanesite nekaj miso glazure na tofu in jajčevce ter jih enakomerno porazdelite. Pražite pet minut.

38.Ponev z ramenskimi rezanci in zrezkom

SESTAVINE:
- Čebula, ena
- Korenje, pol skodelice
- Mleta govedina, pol funta
- Canola olje, ena žlica
- Kečap, dve žlici
- Sol in poper po okusu
- Koruzni škrob, ena čajna žlička
- Goveja juha, ena skodelica
- Sake, ena žlica
- Kuhano jajce, eno
- Worcestershire omaka, ena žlica

NAVODILA:
a) V veliki ponvi na srednje močnem ognju segrejte olje.
b) Dodajte zrezek in ga pražite do želenega konca, približno pet minut na stran za srednjega, nato prenesite na desko za rezanje in pustite počivati pet minut, nato pa ga narežite.
c) V majhni skledi zmešajte sojino omako, česen, limetin sok, med in kajensko papriko, dokler se ne premešajo, in odstavite.
d) Dodajte čebulo, papriko in brokoli v ponev in kuhajte, dokler se ne zmehča, nato dodajte mešanico sojine omake in mešajte, dokler ni popolnoma prekrita.
e) Dodajte kuhane ramen rezance in zrezek ter premešajte, dokler se ne združita.

39.Ramen Carbonara s sirom

SESTAVINE:
- Dashi, ena skodelica
- Oljčno olje, ena žlica
- Rezine slanine, šest
- Sol, po potrebi
- Mlet česen, dve
- Peteršilj po potrebi
- Parmezan, pol skodelice
- Mleko, dve žlici
- Jajca, dve
- Ramen paket, tri

NAVODILA:
a) Združite vse sestavine .
b) Rezance skuhajte po navodilih na embalaži.
c) Prihranite četrtino skodelice vode za kuhanje, da kasneje zrahljate omako, če je potrebno. Rezance odcedimo in prelijemo z olivnim oljem, da se ne sprimejo.
d) Srednjo ponev segrejte na srednji vročini. Koščke slanine popečemo do rjave in hrustljave. Dodajte rezance v ponev in jih premešajte s slanino, dokler niso rezanci prekriti s slanino.
e) Z vilicami stepemo jajca in vmešamo parmezan. Mešanico jajc in sira vlijemo v ponev in potresemo s slanino in rezanci.

40.Ramen iz štirih sestavin

SESTAVINE :
- 1 (3 oz.) paket rezancev ramen, katerega koli okusa
- 2 skodelici vode
- 2 žlici masla
- 1/4 skodelice mleka

NAVODILA:

a) Lonec postavite na srednji ogenj in ga večinoma napolnite z vodo. Kuhajte, dokler ne začne vreti.

b) Vmešajte rezance in pustite, da se kuhajo 4 minute. vodo odlijemo in rezance damo v prazen lonec.

c) Vmešamo mleko z maslom in mešanico začimb. Kuhamo jih 3 do 5 minut na majhnem ognju , dokler ne postanejo kremaste. Postrezite še toplo. Uživajte.

41.Ramen lazanja

SESTAVINE :
- 2 (3 oz.) paketa ramen rezancev
- 1 lb mlete govedine
- 3 jajca
- 2 C. nariban sir
- 1 žlica mlete čebule
- 1 C. omaka za špagete

NAVODILA:

a) Preden karkoli naredite, segrejte pečico na 325 F.
b) Veliko ponev postavite na srednji ogenj. V njem 10 minut kuhajte goveje meso z 1 zavitkom začimb in čebulo .
c) Goveje meso prestavimo v pomaščen pekač. Jajca razžvrkljamo in kuhamo v isti ponvi, dokler niso pečena.
d) Na vrh govedine potresemo 1/2 C. naribanega sira, ki mu sledijo kuhana jajca in še 1/2 C. sira.
e) Ramen rezance skuhajte po navodilih na embalaži. Odcedimo ga in prelijemo z omako za špagete.
f) Mešanico razporedite po celotni sirni plasti. Prelijte s preostalim sirom. Pečemo v pečici 12 minut. lazanjo postrezite toplo. Uživajte.

42. Vroči svinjski kotlet Ramen

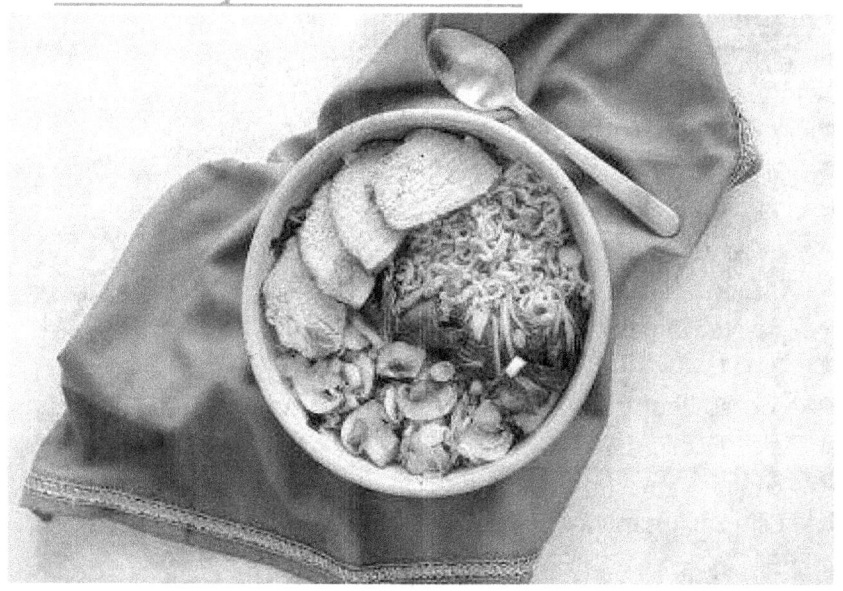

SESTAVINE:
- 1-funt svinjski kotleti
- 4 žlice kitajske BBQ omake
- 3 čajne žličke arašidovega olja
- 2 skodelici zelene čebule, narezane na rezine
- 2-3 stroki česna, sesekljani
- 1 čajna žlička mletega ingverja
- 5 skodelic piščančje juhe
- 3 žlice sojine omake
- 3 žlice ribje omake
- 2 paketa ramen rezancev, kuhanih
- 5 kosov bok choya, narezanih na četrtine
- 1 rdeči čili, narezan
- 8 jajc
- Olje za kuhanje

NAVODILA:
a) Svinjske kotlete premažite z omako Chines BBQ in jih odstavite za 15-20 minut.
b) V ponvi na srednjem ognju segrejte nekaj arašidovega olja in prepražite čebulo, česen in ingver, kuhajte 2-3 minute.
c) Dodajte osnovo, česen, sojino omako, 2 skodelici vode, ribje omake, ingver, rdeči čili. Pustimo, da zavre in dodamo bok choy. Kuhajte 2-3 minute.
d) Odstranite z ognja. Nastavite stran.
e) Predgrejte žar na visoki vročini.
f) Svinjske kotlete poškropite z nekaj jedilnega olja in jih položite na vroč žar, dokler ne porjavijo.
g) Obrnite stran in z druge strani 3-4 minute in jih nato prenesite na krožnik.
h) Ramen razdelite na 4 sklede.
i) Bok čoj položite na rezance in prelijte z vročo juho.
j) Položite svinjske kotlete in jih okrasite z naribano čebulo.
k) Na vrh potresemo jajca in liste koriandra.

43. Miso svinjina in ramen

SESTAVINE:
- 2 funta prašičjih kasačev, narezanih na 1-palčne okrogle oblike
- 2 funta piščanca brez kosti, narezanega na trakove
- 2 žlici jedilnega olja
- 1 čebula, sesekljana
- 8-10 strokov česna, mletega
- 1-palčna rezina ingverja, sesekljana
- 2 pora, nasekljana
- ½ funta kapesant, ločenih beli in zeleni del, nasekljanih
- 1 skodelica gob, narezanih
- 2 funta svinjskih pleč, sesekljanih
- 1 skodelica miso paste
- ¼ skodelice shoyu
- ½ žlice mirina
- Sol, po okusu

NAVODILA:
a) Svinjino in piščanca prenesite v lonec in dodajte veliko vode, dokler nista pokrita. Postavite na gorilnik na močan ogenj in zavrite. Ko je končano, odstavite z ognja.
b) V litem železu na močnem ognju segrejte nekaj olja za kuhanje in pražite čebulo, česen in ingver približno 15 minut ali dokler ne porjavijo. Dati na stran.
c) Kuhane kosti prestavimo v lonec z zelenjavo, plečetom, porom, beljaki, gobami. Dolijemo hladno vodo. Na močnem ognju naj vre 20 minut. Zmanjšajte ogenj in kuhajte ter pokrijte s pokrovom 3 ure.
d) Zdaj odstranite ramo z lopatico. In ga postavite v posodo in ohladite. Ponovno postavite pokrov na lonec in ponovno kuhajte 6 do 8 ur.
e) Precedite juho in odstranite trdne ostanke. Zmešajte miso, 3 žlice shoyuja in nekaj soli.
f) Svinjino natrgajte in jo premešajte s shoyu in mirinom. Posolimo.
g) Na rezance nalijte nekaj juhe in prelijte s prežganim česnom, sezamom in čilijem. Svinjino položite v sklede.
h) Vrh z jajci in drugimi želenimi izdelki.

44. Pečen piščanec Katsu

SESTAVINE:
- Kosi piščančjih prsi brez kosti, en funt
- Panko, ena skodelica
- Univerzalna moka, pol skodelice
- Voda, ena žlica
- Jajce, eno
- Sol in poper po okusu
- Tonkatsu omaka po želji

NAVODILA:

a) V ponvi zmešajte panko in olje ter na srednjem ognju prepražite do zlato rjave barve. Panko prenesite v plitvo posodo in pustite, da se ohladi.

b) Piščančje prsi narežemo na metulje in prerežemo na pol. Piščanca na obeh straneh posolite in popoprajte.

c) V plitvi posodi dodamo moko, v drugi plitvi posodi pa razžvrkljamo jajce in vodo.

d) Vsak kos piščanca potresemo z moko in otresemo odvečno moko. Potopite v jajčno mešanico in nato obložite s popečenim pankom ter močno pritisnite, da se oprime piščanca.

e) Kose piščanca položimo na pripravljen pekač za približno dvajset minut. Postrezite takoj ali prestavite na rešetko, da se dno katsuja ne razmoči zaradi vlage.

45.Hayashi mlet goveji curry

SESTAVINE:
- Čebula, ena
- Korenje, pol skodelice
- Mleta govedina, pol funta
- Canola olje, ena žlica
- Kečap, dve žlici
- Sol in poper po okusu
- Koruzni škrob, ena čajna žlička
- Goveja juha, ena skodelica
- Sake, ena žlica
- Kuhano jajce, eno

NAVODILA:
a) Jajca skuhamo in narežemo na majhne koščke ali pretlačimo z vilicami. Dobro začinite s soljo in poprom.
b) Segrejemo olje in dodamo čebulo in korenje.
c) Mleto govedino potresemo s koruznim škrobom in dodamo k zelenjavi. Dodajte četrt skodelice goveje juhe in med mešanjem razdrobite mleto govedino.
d) Dodajte govejo juho, kečap, sake in Worcestershire omako.
e) Dobro premešamo in kuhamo deset minut oziroma dokler vsa tekočina ne izhlapi. Začinimo s soljo in poprom.
f) V ločeni ponvi prepražimo čebulo, dokler ni hrustljava.

46.Piščančji teriyaki

SESTAVINE:
- Sezamovo olje, ena čajna žlička
- Brokoli, za serviranje
- Draga, ena žlica
- Kečap, dve žlici
- Sol in poper po okusu
- Koruzni škrob, ena čajna žlička
- Kuhan beli riž, ena skodelica
- Česen in ingver, ena žlica
- Kuhano jajce, eno
- Sojina omaka, ena žlica

NAVODILA:
a) V srednji skledi zmešajte sojino omako, rižev kis, olje, med, česen, ingver in koruzni škrob.
b) V veliki ponvi na srednjem ognju segrejte olje. Dodajte piščanca v ponev in začinite s soljo in poprom. Kuhajte do zlate in skoraj kuhane.
c) Piščanca pokrijte in dušite, dokler se omaka nekoliko ne zgosti in piščanec skuha.
d) Okrasite s sezamovimi semeni in zeleno čebulo.
e) Postrezite čez riž s poparjenim brokolijem.

47.Japonska skleda lososa

SESTAVINE:
- Čili omaka, ena čajna žlička
- Sojina omaka, ena čajna žlička
- Riž, dve skodelici
- Sezamovo olje, ena žlica
- Ingver, dve žlici
- Sol in poper po okusu
- Sezamovo seme, ena čajna žlička
- Kis, ena čajna žlička
- Nastrgan nori, po potrebi
- Losos, pol funta
- Narezano zelje, ena skodelica

NAVODILA:
a) V večji lonec damo riž, tri skodelice vode in pol žličke soli ter zavremo in kuhamo petnajst minut oziroma dokler se voda ne vpije.
b) V skledo dajte kis, sojino omako, čili omako, sezamovo olje, sezamova semena in ingver ter dobro premešajte.
c) Dodajte lososa in nežno mešajte, dokler ni popolnoma prekrita.
d) V skledo dajte narezano zelje in sezamovo olje ter mešajte, dokler se dobro ne povežeta.
e) V vsako skledo damo veliko žlico riža, dodamo zelje in prelijemo z majonezo.

48. Piščanec v loncu/Mizutaki

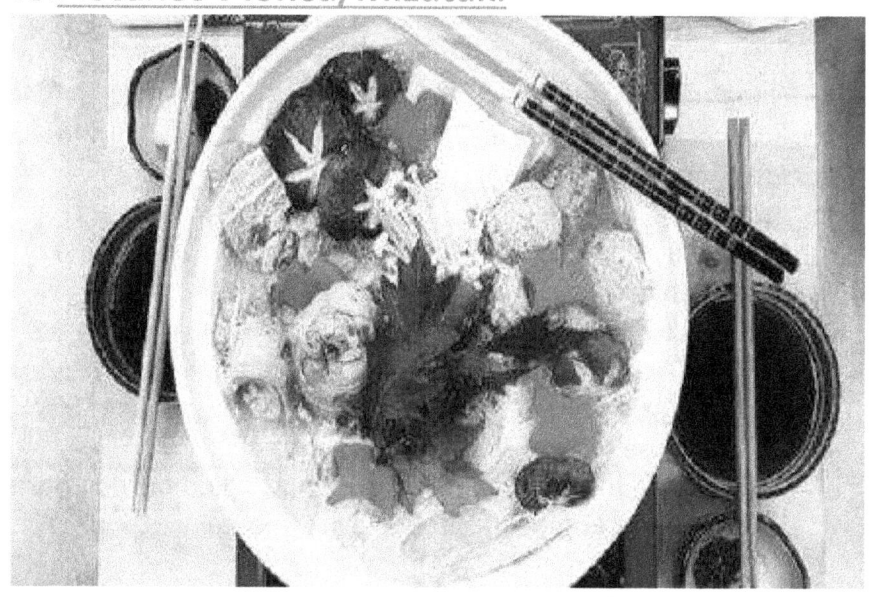

SESTAVINE:
- Negi, ena
- Mizuna, štiri
- Napa zelje, osem
- Korenček, pol skodelice
- Piščančja stegna, en funt
- Kombu, pol funta
- Sake, ena čajna žlička
- Ingver, ena čajna žlička
- Sezamovo seme, po potrebi

NAVODILA:
a) Zmešajte vse sestavine .
b) V veliko skledo dodajte pet skodelic vode in kombu, da pripravite hladno zvarek kombu dashi. Odstavite, medtem ko pripravljate piščanca.
c) Srednji lonec napolnite z vodo in dodajte koščke piščančjih stegen s kostjo in kožo. Ogenj vključite na srednje nizek nivo.
d) Hladnemu zvarku kombu dashi dodajte koščke piščančjih stegen, ki ste jih pravkar splaknili.
e) Dodajte tudi sake iz koščkov piščanca in ingver.
f) Na srednjem ognju zavremo.
g) Ogenj zmanjšamo na srednje nizko in pokrito kuhamo trideset minut. V tem času začnite pripravljati druge sestavine . Po tridesetih minutah odstranite in zavržite rezine ingverja.

49. Japonski ingverjev brancin

SESTAVINE:

- 2 žlički miso bele paste
- 6 oz. kos brancina
- 1 ¼ čajne žličke mirina
- 1 čajna žlička svežega ingverjevega soka
- 1 čajna žlička sladkorja
- 3 žličke sakeja

NAVODILA:

a) V čisti srednji skledi zmešajte vse sestavine razen sakeja. Dobro premešamo in odstavimo.
b) Postavite kos ribe v mešano vsebino, dodajte sake in premešajte, dokler ni dobro pokrit
c) Postavite v zamrzovalnik za 4 ure
d) Predgrejte žar in položite ribe na rešetko
e) Pečemo ga na žaru, premetavamo z ene strani na drugo, dokler ni popolnoma rjava in pečena.
f) Prenesite bas na krožnik in postrezite

50.Japonski fancy teriyaki

SESTAVINE:
- 2 lb lososa
- 3 žlice sesekljane zelene čebule
- 2 žlici črnih in belih sezamovih semen
- ½ skodelice ekstra deviškega oljčnega olja
- Teriyaki omaka
- 4 žlice sojine omake
- 1 skodelica mirina
- 2 ½ skodelice. sladkor

NAVODILA:
a) Naredite teriyaki omako tako, da dodate vse sestavine pod njenim naslovom v ponev in kuhate na majhnem ognju, dokler se ne zgosti. Odstranite z ognja in postavite na hlajenje
b) V ponev proti prijemanju nalijte nekaj olja in vanjo položite lososa. ponev pokrijemo in na zmernem ognju kuhamo lososa do enakomerne rjave barve.
c) Posodo položite na krožnik in po njej pokapajte teriyaki omako
d) In okrasite z belim sezamom in sesekljano zeleno čebulo

INDIJSKA UDOBNA HRANA

51. Piščančja Tikka riževa skleda

SESTAVINE:
- Ena skodelica kosov piščanca brez kosti
- Dve skodelici riža
- Dve skodelici vode
- Dve žlici rdečega čilija v prahu
- Ena čajna žlička prahu garam masala
- Ena žlica jedilnega olja
- Dve žlici tikka masale
- Sol po okusu
- Črni poper po okusu
- Dve žlici koriandra v prahu
- Ena čajna žlička kumine v prahu
- Ena čajna žlička strtega česna

NAVODILA:
a) Vzemite ponev za omako.
b) Dodajte vodo v ponev.
c) Dodamo riž in dobro kuhamo približno deset minut.
d) Vzemite veliko ponev.
e) V ponev dodamo sesekljan česen.
f) Dodajte začimbe v ponev.
g) Zmes dobro kuhamo približno deset minut, dokler niso pečeni.
h) Dodajte koščke piščanca v ponev.
i) Sestavine dobro kuhamo približno petnajst minut.
j) Dodajte riž v skledo.
k) Na vrh dodajte piščančjo mešanico tikka.
l) Vaša jed je pripravljena za postrežbo.

52.Skleda rjavega riža s karijem

SESTAVINE:
- Pol kilograma zelenjave
- Dve čebuli
- Dve žlici olja oljne repice
- Ena skodelica kuhanega rjavega riža
- Dve skodelici vode
- Ena čajna žlička ingverja
- Dva paradižnika
- Štiri stroke česna
- Dva zelena čilija
- Sol po okusu
- Ena čajna žlička rdeče paprike curry
- Črni poper po okusu
- Ena čajna žlička listov koriandra
- Pol čajne žličke garam masale
- Ena čajna žlička semen črne gorčice
- Ena čajna žlička semen kumine

NAVODILA:
a) Vzemite ponev in vanjo dodajte olje.
b) Segrejte olje in vanj dodajte čebulo.
c) Čebulo pražimo toliko časa, da postane svetlo rjava.
d) V ponev dodajte semena kumine in gorčična semena.
e) Dobro jih prepražimo in dodamo sol in poper ter zelene čilije.
f) Vanj dodajte kurkumo, ingver in stroke česna.
g) V ponev dodajte zelenjavo in rdečo papriko curry.
h) Dobro jih premešamo in kuhamo še petnajst minut.
i) Dodajte rjavi riž v skledo.
j) Na vrh dodamo pripravljeno mešanico.
k) Dodajte liste koriandra in garam masalo za okras.
l) Vaša jed je pripravljena za postrežbo.

53. Skleda s sirom in rižem

SESTAVINE:
- Pol kilograma mešanega sira
- Dve čebuli
- Dve žlici olja oljne repice
- Ena skodelica kuhanega rjavega riža
- Dve skodelici vode
- Ena čajna žlička ingverja
- Dva paradižnika
- Štiri stroke česna
- Dva zelena čilija
- Sol po okusu
- Ena čajna žlička rdeče paprike curry
- Črni poper po okusu
- Ena čajna žlička listov koriandra
- Pol čajne žličke garam masale
- Ena čajna žlička semen črne gorčice
- Ena čajna žlička semen kumine

NAVODILA:
a) Vzemite ponev in vanjo dodajte olje.
b) Segrejte olje in vanj dodajte čebulo.
c) Čebulo pražimo toliko časa, da postane svetlo rjava.
d) V ponev dodajte semena kumine in gorčična semena.
e) Dobro jih prepražimo in dodamo sol in poper ter zelene čilije.
f) Vanj dodajte kurkumo, ingver in stroke česna.
g) V ponev dodajte sir, riž in rdečo papriko curry.
h) Dobro jih premešamo in kuhamo še petnajst minut.
i) Dodajte rjavi riž v skledo.
j) Vaša jed je pripravljena za postrežbo.

54. Indijska riževa skleda z ovčjim curryjem

SESTAVINE:
- Pol kilograma kosov ovčjega mesa
- Dve čebuli
- Dve žlici olja oljne repice
- Ena skodelica kuhanega riža
- Dve skodelici vode
- Ena čajna žlička ingverja
- Dva paradižnika
- Štiri stroke česna
- Šest zelenih čilijev
- Sol po okusu
- Ena čajna žlička rdeče paprike curry
- Črni poper po okusu
- Ena čajna žlička listov koriandra
- Pol čajne žličke garam masale
- Ena čajna žlička semen črne gorčice
- Ena čajna žlička semen kumine

NAVODILA:
a) Vzemite ponev in vanjo dodajte olje.
b) Segrejte olje in vanj dodajte čebulo.
c) Čebulo pražimo toliko časa, da postane svetlo rjava.
d) V ponev dodajte semena kumine in gorčična semena.
e) Dobro jih prepražimo in dodamo sol in poper ter zelene čilije.
f) Vanj dodajte kurkumo, ingver in strok česna.
g) V ponev dodajte ovčje meso in rdečo papriko curry.
h) Dobro jih premešamo in kuhamo še petnajst minut.
i) Dodajte riž v skledo.
j) Na vrh dodamo pripravljeno mešanico.
k) Dodajte liste koriandra in garam masalo za okras.
l) Vaša jed je pripravljena za postrežbo.

55.Indijska kremasta skleda za kari

SESTAVINE:
- Pol kilograma zelenjave
- Dve čebuli
- Dve žlici olja oljne repice
- Ena skodelica kuhanega riža
- Dve skodelici vode
- Ena čajna žlička ingverja
- Dva paradižnika
- Štiri stroke česna
- Dva zelena čilija
- Ena skodelica težke smetane
- Sol po okusu
- Ena čajna žlička rdeče paprike curry
- Črni poper po okusu
- Ena čajna žlička listov koriandra
- Pol čajne žličke garam masale
- Ena čajna žlička semen črne gorčice
- Ena čajna žlička semen kumine

NAVODILA:
a) Vzemite ponev in vanjo dodajte olje.
b) Segrejte olje in vanj dodajte čebulo.
c) Čebulo pražimo toliko časa, da postane svetlo rjava.
d) V ponev dodajte semena kumine in gorčična semena.
e) Dobro jih prepražimo in dodamo sol in poper ter zelene čilije.
f) Dodajte kurkumo, ingver in stroke česna.
g) V ponev dodajte zelenjavo, smetano in rdečo papriko curry.
h) Dobro jih premešamo in kuhamo še petnajst minut.
i) Dodajte riž v skledo.
j) Na vrh dodamo pripravljeno mešanico.
k) Dodajte liste koriandra in garam masalo za okras.
l) Vaša jed je pripravljena za postrežbo.

56.Indijska riževa skleda z limono

SESTAVINE:
- Dve žlici olja oljne repice
- Ena skodelica svežih zelišč
- Ena skodelica narezanih limon
- Ena žlica rdečega čilija v prahu
- Dve žlici limoninega soka
- Ena čajna žlička paste česna in ingverja
- Ena čajna žlička čilijevih kosmičev
- Pol čajne žličke kumine v prahu
- Ena žlica koriandra v prahu
- Sol
- Dve skodelici kuhanega riža

NAVODILA:
a) Vzemite ponev in vanjo dodajte olje.
b) Segrejte olje in vanj dodajte koščke limone, sol in poper.
c) Kuhajte nekaj minut, dokler se limona ne zmehča.
d) Dodajte česen, ingver in kosmiče rdečega čilija.
e) Kuhamo toliko časa, da zmes zadiši.
f) V zmes dodamo začimbe in kuhamo.
g) Dodajte riž v dve skledi.
h) Kuhano zmes razdelimo v dve skledi.
i) Na vrh dodajte sveža zelišča.
j) Vaša jed je pripravljena za postrežbo.

57.Indijska skleda Buda iz cvetače

SESTAVINE:
- Ena skodelica cvetov cvetače
- Dve skodelici kvinoje
- Dve skodelici vode
- Dve žlici rdečega čilija v prahu
- Ena čajna žlička prahu garam masala
- Ena žlica jedilnega olja
- Dve skodelici špinače
- Dve skodelici rdeče paprike
- Pol skodelice praženih indijskih oreščkov
- Sol po okusu
- Črni poper po okusu
- Dve žlici koriandra v prahu
- Ena čajna žlička kumine v prahu
- Ena čajna žlička strtega česna

NAVODILA:
a) Vzemite ponev za omako.
b) Dodajte vodo v ponev.
c) Dodamo kvinojo in dobro kuhamo približno deset minut.
d) Vzemite veliko ponev.
e) V ponev dodamo sesekljan česen.
f) Dodajte začimbe v ponev.
g) Zmes dobro kuhamo približno deset minut, dokler niso pečeni.
h) V ponev dodamo špinačo, cvetačo in papriko.
i) Sestavine dobro kuhamo približno petnajst minut.
j) Dodajte kvinojo v skledo.
k) Na vrh dodajte masala cvetačo.
l) Na vrh cvetače dodamo pražene indijske oreščke.
m) Vaša jed je pripravljena za postrežbo.

58.Indijska skleda iz leče na žaru

SESTAVINE:
- Dve žlici olja oljne repice
- Ena skodelica svežih zelišč
- Ena žlica rdečega čilija v prahu
- Dve skodelici pečene leče
- Ena čajna žlička paste česna in ingverja
- Ena čajna žlička čilijevih kosmičev
- Pol čajne žličke kumine v prahu
- Ena žlica koriandra v prahu
- Sol
- Pol skodelice metine omake
- Dve skodelici kuhanega riža

NAVODILA:
a) Vzemite ponev in vanjo dodajte olje.
b) Segrejte olje in vanj dodajte pečeno lečo, sol in poper.
c) Dodajte česen, ingver in kosmiče rdečega čilija.
d) Kuhamo toliko časa, da zmes zadiši.
e) V zmes dodamo začimbe in kuhamo.
f) Dodajte riž v dve skledi.
g) Kuhano zmes razdelimo v dve skledi.
h) Na vrh dodajte sveža zelišča in metino omako.
i) Vaša jed je pripravljena za postrežbo.

KITAJSKA UDOBNA HRANA

59. Kitajski piščančji ocvrt riž

SESTAVINE:
- Ena žlica ribje omake
- Ena žlica sojine omake
- Pol čajne žličke petih kitajskih začimb
- Dve žlici čili česnove omake
- Dva rdeča čilija
- En velik jalapeno
- Pol skodelice narezane zelene čebule
- Ena čajna žlička belega popra v zrnu
- Ena čajna žlička svežega ingverja
- Pol skodelice svežih listov cilantra
- Četrtina svežih listov bazilike
- Ena skodelica piščančje juhe
- Ena čajna žlička mlete limonske trave
- Ena čajna žlička sesekljanega česna
- Dve žlici sezamovega olja
- Eno jajce
- Pol skodelice piščanca
- Dve skodelici kuhanega rjavega riža

NAVODILA:
a) Vzemite vok.
b) V vok dodajte mleto limonsko travo, beli poper v zrnu, sesekljan česen, pet kitajskih začimb, rdeče čilije, liste bazilike in ingver.
c) Dodajte koščke piščanca v ponev.
d) Kose piščanca prepražimo.
e) Dodajte piščančjo juho in omake v mešanico voka.
f) Jed kuhamo deset minut.
g) V mešanico dodajte kuhan rjavi riž.
h) Riž dobro premešamo in kuhamo pet minut.
i) Vse skupaj premešamo.
j) Dodajte cilantro v posodo.
k) Riž premešamo in pražimo nekaj minut.
l) Dodajte riž v sklede.
m) Eno za drugim ocvremo jajca.
n) Na vrh sklede položite ocvrto jajce.
o) Vaša jed je pripravljena za postrežbo.

60. Začinjena zelenjavna skleda

SESTAVINE:
- Dve skodelici rjavega riža
- Ena skodelica sriracha omake
- Ena skodelica kumare
- Dve žlici vložene redkve
- Ena žlica sečuanskega popra
- Ena žlica riževega kisa
- Ena skodelica rdečega zelja
- Ena skodelica kalčkov
- Dve žlici praženih arašidov
- Dve skodelici vode
- Sol po okusu
- Črni poper po okusu
- Dve žlici sojine omake
- Ena čajna žlička strtega česna

NAVODILA:
a) Vzemite ponev za omako.
b) Dodajte vodo v ponev.
c) Dodamo rjavi riž in dobro kuhamo približno deset minut.
d) Zelenjavo skuhamo v ponvi.
e) V ponev dodajte sečuanski poper in preostale začimbe ter omako.
f) Sestavine dobro premešamo.
g) Po končanem posodi.
h) Dodajte rjavi riž v skledo.
i) Na vrh dodajte zelenjavo.
j) Vaša jed je pripravljena za postrežbo.

61.Kitajska mleta puranova skleda

SESTAVINE:
- Dve žlički riževega vina
- Ena čajna žlička sladkorja v prahu
- Četrtina čajne žličke sečuanskega popra
- Dve žlički sesekljanega rdečega čilija
- Črni poper
- Sol
- Ena žlica sesekljanega česna
- Ena žlica ostrigine omake
- Ena žlica lahke sojine omake
- Pol skodelice drobno sesekljane mlade čebule
- Dve čajni žlički sezamovega olja
- Štiri čajne žličke temne sojine omake
- Dve skodelici mletega purana
- Dve skodelici kuhanega riža

NAVODILA:
a) Vzemite veliko ponev.
b) V ponvi segrejte olje in vanj dodajte purana.
c) V ponev dodamo sesekljan česen.
d) Dodajte riževo vino v ponev.
e) Zmes dobro kuhamo približno deset minut, dokler niso pečeni.
f) V ponev dodajte sladkor, sečuanski poper, rdečo čili papriko, temno sojino omako, ostrigino omako, svetlo sojino omako, črni poper in sol.
g) Sestavine dobro kuhamo približno petnajst minut.
h) Dodajte riž v dve skledi.
i) Na vrh dodajte mešanico kuhanega purana.
j) Vaša jed je pripravljena za postrežbo.

62.Sklede za riž iz mletega govejega mesa

SESTAVINE:
- Dve žlički riževega vina
- Ena čajna žlička sladkorja v prahu
- Četrtina čajne žličke sečuanskega popra
- Dve žlički sesekljanega rdečega čilija
- Črni poper
- Sol
- Ena žlica sesekljanega česna
- Ena žlica ostrigine omake
- Ena žlica lahke sojine omake
- Pol skodelice drobno sesekljane mlade čebule
- Dve čajni žlički sezamovega olja
- Štiri čajne žličke temne sojine omake
- Dve skodelici mlete govedine
- Dve skodelici kuhanega riža

NAVODILA:
a) Vzemite veliko ponev.
b) V ponvi segrejte olje in vanj dodajte goveje meso.
c) V ponev dodamo sesekljan česen.
d) Dodajte riževo vino v ponev.
e) Zmes dobro kuhamo približno deset minut, dokler niso pečeni.
f) V ponev dodajte sladkor, sečuanski poper, rdečo čili papriko, temno sojino omako, ostrigino omako, svetlo sojino omako, črni poper in sol.
g) Sestavine dobro kuhamo približno petnajst minut.
h) Dodajte riž v dve skledi.
i) Na vrh dodajte mešanico kuhanega govejega mesa.
j) Vaša jed je pripravljena za postrežbo.

63. Hrustljava riževa skleda

SESTAVINE:
- Dve skodelici kuhanega rjavega riža
- Ena skodelica sriracha omake
- Ena žlica tamarija
- Ena žlica riževega kisa
- Sol po okusu
- Črni poper po okusu
- Dve žlici sojine omake
- Ena čajna žlička strtega česna
- Dve žlici jedilnega olja
- Ena skodelica hrustljavega riževega preliva

NAVODILA:
a) Dodajte olje v ponev.
b) V ponev dodamo kuhan riž.
c) Riž dobro premešamo.
d) Pustimo, da postane hrustljavo.
e) Kuhajte približno deset minut.
f) Vzemite majhno skledo.
g) Dodajte preostale sestavine v skledo.
h) Sestavine dobro premešamo.
i) V skledo dodamo hrustljav riž.
j) Po vrhu pokapljamo pripravljeno omako.
k) Vaša jed je pripravljena za postrežbo.

64. skleda lepljivega riža

SESTAVINE:
- Ena žlica ostrigine omake
- Dve kitajski čili papriki
- Ena skodelica kapesant
- Pol žlice sojine omake
- Dve čajni žlički mletega česna
- Tri žlice jedilnega olja
- Pol skodelice pekoče omake
- Dve skodelici mešane zelenjave
- Po potrebi solimo
- Sesekljan svež cilantro za okras
- Ena skodelica klobase
- Ena skodelica kuhanega lepljivega riža

NAVODILA:
a) Vzemite veliko ponev.
b) V ponev dodamo jedilno olje in ga segrejemo.
c) V ponev dodamo zelenjavo in česnice ter med mešanjem prepražimo.
d) Dodajte klobase in dobro prekuhajte.
e) V ponev dodamo sesekljan česen.
f) Mešanici dodamo sojino omako, ribjo omako, kitajsko papriko, pekočo omako in ostale sestavine.
g) Jed kuhamo deset minut.
h) Razdelite sestavine.
i) Dodajte lepljivi riž v sklede.
j) Na vrh dodamo pripravljeno mešanico.
k) Sklede okrasite s sesekljanimi listi svežega cilantra.
l) Vaša jed je pripravljena za postrežbo.

65. Hoisin goveja skleda

SESTAVINE:
- Dve skodelici rjavega riža
- Ena skodelica hoisin omake
- Ena žlica sečuanskega popra
- Ena žlica riževega kisa
- Dve skodelici govejih trakov
- Dve skodelici vode
- Sol po okusu
- Črni poper po okusu
- Dve žlici sojine omake
- Ena čajna žlička strtega česna

NAVODILA:
a) Vzemite ponev za omako.
b) Dodajte vodo v ponev.
c) Dodamo rjavi riž in dobro kuhamo približno deset minut.
d) Goveje trakove skuhamo v ponvi.
e) V ponev dodamo hoisin omako in preostale začimbe ter omako.
f) Sestavine dobro premešamo.
g) Po končanem posodi.
h) Dodajte rjavi riž v skledo.
i) Na vrh dodajte mešanico govejega mesa.
j) Vaša jed je pripravljena za postrežbo.

66.Skleda s svinjino in ingverjem

SESTAVINE:
- Dve žlički riževega vina
- Četrtina čajne žličke sečuanskega popra
- Črni poper
- Sol
- Ena žlica sesekljanega ingverja
- Ena žlica ostrigine omake
- Ena žlica lahke sojine omake
- Dve čajni žlički sezamovega olja
- Štiri čajne žličke temne sojine omake
- Dve skodelici mlete svinjine
- Dve skodelici kuhanega riža

NAVODILA:
a) Vzemite veliko ponev.
b) V ponvi segrejte olje in vanj dodajte svinjino.
c) V ponev dodajte nasekljan ingver.
d) Dodajte riževo vino v ponev.
e) Zmes dobro kuhamo približno deset minut, dokler niso pečeni.
f) V ponev dodajte sladkor, sečuanski poper, rdečo čili papriko, temno sojino omako, ostrigino omako, svetlo sojino omako, črni poper in sol.
g) Sestavine dobro kuhamo približno petnajst minut.
h) Dodajte riž v dve skledi.
i) Na vrh dodajte kuhano svinjsko mešanico.
j) Vaša jed je pripravljena za postrežbo.

67. Veganska poke skleda s sezamovo omako

SESTAVINE:
- Ena skodelica edamama
- En sesekljan korenček
- Dve skodelici riža
- Dve skodelici narezanega avokada
- Ena skodelica sezamove omake
- Ena skodelica kumare
- Ena skodelica vijoličnega zelja
- Ena skodelica hrustljavih kock tofuja
- Dve žlici ingverja
- Ena žlica riževega kisa
- Dve skodelici vode
- Sol po okusu
- Črni poper po okusu
- Dve žlici svetle sojine omake
- Dve žlici temne sojine omake
- Ena čajna žlička strtega česna

NAVODILA:
a) Vzemite ponev za omako.
b) Dodajte vodo v ponev.
c) Dodamo riž in dobro kuhamo približno deset minut.
d) Dodajte preostale sestavine razen sezamove omake v skledo.
e) Sestavine dobro premešamo.
f) Dodajte rjavi riž v skledo.
g) Na vrh dodajte zelenjavo in tofu.
h) Po vrhu pokapljamo sezamovo omako.
i) Vaša jed je pripravljena za postrežbo.

68. Čili piščančja riževa skleda

SESTAVINE:
- Ena čajna žlička belega popra v zrnu
- Ena čajna žlička svežega ingverja
- Ena žlica ribje omake
- Ena žlica sojine omake
- Pol čajne žličke petih kitajskih začimb
- Dve žlici čili česnove omake
- Ena skodelica kitajskega rdečega čilija
- Ena čajna žlička mlete limonske trave
- Ena čajna žlička sesekljanega česna
- Dve čajni žlički sezamovega olja
- Ena skodelica kosov piščanca
- Dve skodelici kuhanega riža

NAVODILA:
a) Vzemite vok.
b) V vok dodajte mleto limonsko travo, beli poper v zrnu, sesekljan česen, pet kitajskih začimb, rdeče čilije, liste bazilike in ingver.
c) Vzemite ponev proti prijemanju.
d) Dodajte piščanca v ponev.
e) Sestavine skuhamo in odcedimo.
f) Dodajte omake v zmes za vok.
g) Jed kuhamo deset minut.
h) Dodamo piščanca in ga kuhamo pet minut.
i) Vanj zmešajte preostale sestavine.
j) Jed kuhamo še pet minut.
k) Riž položite v dve skledi.
l) Na vrh dodajte mešanico piščanca.
m) Vaša jed je pripravljena za postrežbo.

69.Tofu Buddha Bowl

SESTAVINE:
- Ena žlica ostrigine omake
- Dve kitajski čili papriki
- Ena žlica ribje omake
- Pol žlice sojine omake
- Dve čajni žlički mletega česna
- Tri žlice jedilnega olja
- Pol skodelice pekoče omake
- Dve skodelici mešane zelenjave
- Dve skodelici tofujevih kock
- Po potrebi solimo
- Sesekljan svež cilantro za okras
- Dve skodelici kuhanega riža
- Ena skodelica praženih arašidov
- Ena skodelica Budovega preliva

NAVODILA:
a) Vzemite veliko ponev.
b) V ponev dodamo jedilno olje in ga segrejemo.
c) V ponev dodamo zelenjavo in tofu ter med mešanjem prepražimo.
d) V ponev dodamo sesekljan česen.
e) Mešanici dodamo sojino omako, ribjo omako, kitajsko papriko, pekočo omako in ostale sestavine.
f) Jed kuhamo deset minut in dodamo nekaj vode za curry.
g) Razdelite sestavine.
h) Dodajte riž v sklede.
i) Na vrh dodamo pripravljeno mešanico in preliv.
j) Sklede okrasite s sesekljanimi listi svežega cilantra.
k) Vaša jed je pripravljena za postrežbo.

70. Dan riževa skleda

SESTAVINE:
- Ena skodelica mlete svinjine
- Ena žlica sriracha omake
- Pol skodelice sesekljane zelene
- Pol skodelice narezane zelene čebule
- Ena čajna žlička riževega vina
- Ena čajna žlička svežega ingverja
- Ena žlica sojine omake
- Pol čajne žličke petih kitajskih začimb
- Pol skodelice svežih listov cilantra
- Pol skodelice svežih listov bazilike
- Ena skodelica goveje juhe
- Ena čajna žlička sesekljanega česna
- Dve žlici rastlinskega olja
- Dve skodelici kuhanega riža

NAVODILA:
a) Vzemite vok.
b) V vok dodajte začimbe.
c) Dodajte govejo juho in omake v mešanico voka.
d) Jed kuhamo deset minut.
e) Dodajte svinjino v zmes.
f) Svinjino dobro premešamo in kuhamo pet minut.
g) Sestavine dobro prekuhamo in zmešamo z ostalimi sestavinami.
h) Zmanjšajte toploto štedilnika.
i) V ločeno ponev dodajte suhe rezance in vodo.
j) V sklede dodamo kuhan riž.
k) Na vrh dodajte kuhano mešanico.
l) Na vrh dodajte koriander.
m) Vaša jed je pripravljena za postrežbo.

71. Skleda z mletim piščančjim rižem

SESTAVINE:
- Dve žlički riževega vina
- Ena čajna žlička sladkorja v prahu
- Četrtina čajne žličke sečuanskega popra
- Dve žlički sesekljanega rdečega čilija
- Črni poper
- Sol
- Ena žlica sesekljanega česna
- Ena žlica ostrigine omake
- Ena žlica lahke sojine omake
- Pol skodelice drobno sesekljane mlade čebule
- Dve čajni žlički sezamovega olja
- Štiri čajne žličke temne sojine omake
- Dve skodelici mletega piščanca
- Dve skodelici kuhanega riža

NAVODILA:
a) Vzemite veliko ponev.
b) V ponvi segrejte olje in vanj dodajte piščanca.
c) V ponev dodamo sesekljan česen.
d) Dodajte riževo vino v ponev.
e) Zmes dobro kuhamo približno deset minut, dokler niso pečeni.
f) V ponev dodajte sladkor, sečuanski poper, rdečo čili papriko, temno sojino omako, ostrigino omako, svetlo sojino omako, črni poper in sol.
g) Sestavine dobro kuhamo približno petnajst minut.
h) Dodajte riž v dve skledi.
i) Na vrh dodajte mešanico kuhanega piščanca.
j) Vaša jed je pripravljena za postrežbo.

72. Skleda z limoninimi rezanci

SESTAVINE:
- Ena skodelica riževih rezancev
- Pol skodelice limoninega soka
- Ena skodelica čebule
- Ena skodelica vode
- Dve žlici mletega česna
- Dve žlici mletega ingverja
- Pol skodelice cilantra
- Dve skodelici zelenjave
- Dve žlici oljčnega olja
- Ena skodelica zelenjavne osnove
- Ena skodelica narezanih paradižnikov

NAVODILA:
a) Vzemite ponev.
b) Dodajte olje in čebulo.
c) Čebulo pražimo toliko časa, da postane mehka in zadiši.
d) Dodamo sesekljan česen in ingver.
e) Mešanico prekuhamo in ji dodamo paradižnik.
f) Dodajte začimbe.
g) Dodajte riževe rezance in limonin sok.
h) Sestavine previdno premešamo in ponev pokrijemo.
i) Dodajte zelenjavo in ostale sestavine.
j) Kuhajte deset minut.
k) Razdelimo ga v dve skledi.
l) Na vrh dodajte cilantro.
m) Vaša jed je pripravljena za postrežbo.

73. Piščančja riževa skleda s česnom in sojo

SESTAVINE:
- Dve žlički riževega vina
- Ena skodelica soje
- Četrtina čajne žličke sečuanskega popra
- Dve žlički sesekljanega rdečega čilija
- Črni poper
- Sol
- Ena skodelica kosov piščanca
- Ena žlica sesekljanega česna
- Dve žlici sezamovega olja
- Štiri čajne žličke temne sojine omake
- Dve skodelici kuhanega riža
- Dve žlici sesekljane mlade čebule

NAVODILA:
a) Vzemite veliko ponev.
b) V ponvi segrejemo olje.
c) V ponev dodamo sesekljan česen.
d) V ponev dodajte piščanca, riževo vino in sojo.
e) Zmes dobro kuhamo približno deset minut, dokler niso pečeni.
f) V ponev dodajte sečuanski poper, rdečo čili papriko, temno sojino omako, črni poper in sol.
g) Sestavine dobro kuhamo približno petnajst minut.
h) Riž razdelite v dve skledi.
i) Na vrh dodajte zmes.
j) Jed okrasimo s sesekljano mlado čebulo.
k) Vaša jed je pripravljena za postrežbo.

VIETNAMSKA UDOBNA HRANA

74.Banh Mi riževa skleda

SESTAVINE:
- Dve skodelici kuhanega riža
- Ena čajna žlička ribje omake
- Ena skodelica naribanega zelja
- Ena skodelica sesekljane zelene čebule
- Dve žlici sesekljanega cilantra
- Ena skodelica kosov svinjskega fileja
- Ena skodelica vložene zelenjave
- Dve žlici oljčnega olja
- Ena skodelica sriracha majoneze
- Sol po okusu
- Črni poper po okusu

NAVODILA:
a) Vzemite ponev.
b) Dodajte olje v ponev.
c) Dodajte svinjino, sol in črni poper.
d) Dobro kuhamo približno deset minut.
e) Po končanem posodi.
f) Riž razdelite v dve skledi.
g) Na vrh dodajte svinjino, vloženo zelenjavo, sriracha majonezo in ostale sestavine.
h) Okrasite s cilantrom na vrhu.
i) Vaša jed je pripravljena za postrežbo.

75. Govedina in hrustljavi riž

SESTAVINE:
- Dve skodelici kuhanega rjavega riža
- Ena skodelica sriracha omake
- Ena žlica ribje omake
- Ena skodelica kuhanih govejih trakov
- Ena žlica riževega kisa
- Sol po okusu
- Črni poper po okusu
- Dve žlici sojine omake
- Ena čajna žlička strtega česna
- Dve žlici jedilnega olja

NAVODILA:
a) Dodajte olje v ponev.
b) V ponev dodamo kuhan riž.
c) Riž dobro premešamo.
d) Pustimo, da postane hrustljavo.
e) Kuhajte približno deset minut.
f) V mešanico dodajte vse omake in začimbe.
g) Sestavine dobro premešamo.
h) V skledo dodamo hrustljav riž.
i) Na riž dodajte kuhano govedino.
j) Vaša jed je pripravljena za postrežbo.

76.Skleda s piščancem in sirarcha rižem

SESTAVINE:
- Dve skodelici kuhanega rjavega riža
- Ena skodelica sriracha omake
- Ena žlica ribje omake
- Ena skodelica piščančjih trakov
- Ena žlica riževega kisa
- Sol po okusu
- Črni poper po okusu
- Dve žlici sojine omake
- Ena čajna žlička strtega česna
- Dve žlici jedilnega olja

NAVODILA:
a) Dodajte olje v ponev.
b) V ponev dodamo česen.
c) Česen dobro premešamo.
d) Pustimo, da postane hrustljavo.
e) Dodamo koščke piščanca.
f) V mešanico dodajte vse omake in začimbe.
g) Sestavine dobro premešamo.
h) Kuhan riž razdelite v dve skledi.
i) Na riž dodajte kuhanega piščanca.
j) Vaša jed je pripravljena za postrežbo.

77. Skleda z govejimi rezanci z limonsko travo

SESTAVINE:
- Dve skodelici rezancev
- Dve skodelici vode
- Ena čajna žlička ribje omake
- Ena skodelica čebule
- Ena skodelica vode
- Dve žlici mletega česna
- Dve žlici mletega ingverja
- Pol skodelice cilantra
- Dve žlici posušene limonske trave
- Dve žlici oljčnega olja
- Ena skodelica goveje juhe
- Ena skodelica govejih trakov
- Ena skodelica narezanih paradižnikov

NAVODILA:
a) Vzemite ponev.
b) Dodajte olje in čebulo.
c) Čebulo kuhamo toliko časa, da postane mehka in zadiši.
d) Dodamo sesekljan česen in ingver.
e) Mešanico prekuhamo in ji dodamo paradižnik.
f) Dodajte začimbe.
g) Dodajte goveje trakove, govejo juho in ribjo omako.
h) Sestavine previdno premešamo in ponev pokrijemo.
i) Kuhajte deset minut.
j) Vzemite ponev za omako.
k) Dodajte vodo v ponev.
l) Dodamo rezance in dobro kuhamo približno deset minut.
m) Rezance razdelite v dve skledi.
n) Na vrh dodajte mešanico govejega mesa in koriander.
o) Vaša jed je pripravljena za postrežbo.

78.Glazirana piščančja riževa skleda

SESTAVINE:
- Dve žlički riževega vina
- Četrtina čajne žličke ribje omake
- Črni poper
- Sol
- Ena žlica sesekljanega ingverja
- Ena žlica ostrigine omake
- Ena žlica lahke sojine omake
- Pol skodelice drobno sesekljane mlade čebule
- Dve čajni žlički sezamovega olja
- Štiri čajne žličke temne sojine omake
- Dve skodelici glaziranih kosov piščanca
- Dve skodelici kuhanega riža

NAVODILA:
a) Vzemite veliko ponev.
b) V ponev dodajte nasekljan ingver.
c) Dodajte riževo vino v ponev.
d) Zmes dobro kuhamo približno deset minut, dokler niso pečeni.
e) V ponev dodajte ribjo omako, temno sojino omako, ostrigino omako, svetlo sojino omako, črni poper in sol.
f) Sestavine dobro kuhamo približno petnajst minut.
g) Dodajte riž v dve skledi.
h) Na vrh dodajte kuhano mešanico.
i) Na vrh dodamo glazirane kose piščanca.
j) Vaša jed je pripravljena za postrežbo.

79.Česen kozica Vermicelli

SESTAVINE:
- Ena skodelica riževih vermikelov
- Ena čajna žlička ribje omake
- Ena skodelica čebule
- Ena skodelica vode
- Dve žlici mletega česna
- Dve žlici mletega ingverja
- Pol skodelice cilantra
- Dve žlici jedilnega olja
- Ena skodelica kosov kozic
- Ena skodelica zelenjavne osnove
- Ena skodelica narezanih paradižnikov

NAVODILA:
a) Vzemite ponev.
b) Dodajte olje in čebulo.
c) Čebulo kuhamo toliko časa, da postane mehka in zadiši.
d) Dodamo sesekljan česen in ingver.
e) Mešanico prekuhamo in ji dodamo paradižnik.
f) Dodajte začimbe.
g) Vanj dodajte koščke kozic.
h) Sestavine previdno premešamo in ponev pokrijemo.
i) Dodajte riževe vermicelle, ribjo omako in ostale sestavine.
j) Kuhajte deset minut.
k) Razdelimo ga v dve skledi.
l) Na vrh dodajte cilantro.
m) Vaša jed je pripravljena za postrežbo.

80. Skleda s piščančjimi cmoki in rezanci

SESTAVINE:
- Ena žlica lahke sojine omake
- Pol skodelice drobno sesekljane mlade čebule
- Dve čajni žlički sezamovega olja
- Štiri čajne žličke temne sojine omake
- Dve skodelici kuhanih piščančjih cmokov
- Dve skodelici kuhanih rezancev
- Dve žlički riževega vina
- Četrtina čajne žličke ribje omake
- Črni poper
- Sol
- Ena žlica sesekljanega ingverja
- Ena žlica ostrigine omake

NAVODILA:
a) Vzemite veliko ponev.
b) V ponev dodajte nasekljan ingver.
c) Dodajte riževo vino v ponev.
d) Zmes dobro kuhamo približno deset minut, dokler niso pečeni.
e) V ponev dodajte ribjo omako, temno sojino omako, ostrigino omako, svetlo sojino omako, črni poper in sol.
f) Sestavine dobro kuhamo približno petnajst minut.
g) Dodajte rezance v dve skledi.
h) Na vrh dodajte kuhano mešanico.
i) Na vrh dodamo piščančje cmoke.
j) Vaša jed je pripravljena za postrežbo.

81. Piščančja riževa skleda

SESTAVINE:
- Dve žlici mletega česna
- Dve žlici mletega ingverja
- Pol skodelice cilantra
- Dve žlici jedilnega olja
- Ena skodelica piščančje juhe
- Ena skodelica kosov piščanca
- Ena skodelica narezanih paradižnikov
- Dve skodelici riža
- Dve skodelici vode
- Ena čajna žlička ribje omake
- Ena skodelica čebule
- Ena skodelica vode

NAVODILA:
a) Vzemite ponev.
b) Dodajte olje in čebulo.
c) Čebulo pražimo toliko časa, da postane mehka in zadiši.
d) Dodamo sesekljan česen in ingver.
e) Mešanico prekuhamo in ji dodamo paradižnik.
f) Dodajte začimbe.
g) Dodajte koščke piščanca, piščančjo juho in ribjo omako.
h) Sestavine previdno premešamo in ponev pokrijemo.
i) Kuhajte deset minut.
j) Vzemite ponev za omako.
k) Dodajte vodo v ponev.
l) Dodamo riž in dobro kuhamo približno deset minut.
m) Riž razdelite v dve skledi.
n) Dodajte piščančjo mešanico in cilantro na vrh.
o) Vaša jed je pripravljena za postrežbo.

82. skleda z govejim rižem

SESTAVINE:
- Pol skodelice cilantra
- Dve žlici rdečega čilija
- Dve žlici oljčnega olja
- Ena skodelica goveje juhe
- Ena skodelica govejih trakov
- Ena skodelica narezanih paradižnikov
- Dve skodelici rjavega riža
- Dve skodelici vode
- Ena čajna žlička ribje omake
- Ena skodelica čebule
- Ena skodelica vode
- Dve žlici mletega česna
- Dve žlici mletega ingverja

NAVODILA:
a) Vzemite ponev.
b) Dodajte olje in čebulo.
c) Čebulo pražimo toliko časa, da postane mehka in zadiši.
d) Dodamo sesekljan česen in ingver.
e) Mešanico prekuhamo in ji dodamo paradižnik.
f) Dodajte začimbe.
g) Dodajte goveje trakove, rdečo papriko, govejo juho in ribjo omako.
h) Sestavine previdno premešamo in ponev pokrijemo.
i) Kuhajte deset minut.
j) Vzemite ponev za omako.
k) Dodajte vodo v ponev.
l) Dodamo rjavi riž in dobro kuhamo približno deset minut.
m) Rjavi riž razdelite v dve skledi.
n) Na vrh dodajte mešanico govejega mesa in koriander.
o) Vaša jed je pripravljena za postrežbo.

83. Karamelizirana skleda s piščancem

SESTAVINE:
- Pol skodelice drobno sesekljane mlade čebule
- Dve čajni žlički sezamovega olja
- Štiri čajne žličke temne sojine omake
- Dve skodelici kuhanih kosov piščanca
- Dve žlici sladkorja
- Dve skodelici kuhanega riža
- Dve žlički riževega vina
- Četrtina čajne žličke ribje omake
- Črni poper
- Sol
- Ena žlica sesekljanega ingverja
- Ena žlica ostrigine omake
- Ena žlica lahke sojine omake

NAVODILA:
a) Vzemite veliko ponev.
b) V ponev dodajte nasekljan ingver.
c) Dodajte riževo vino v ponev.
d) Zmes dobro kuhamo približno deset minut, dokler niso pečeni.
e) V ponev dodajte ribjo omako, temno sojino omako, ostrigino omako, svetlo sojino omako, črni poper in sol.
f) Sestavine dobro kuhamo približno petnajst minut.
g) Po končanem posodi.
h) V ponev dodajte sladkor in pustite, da se stopi.
i) Dodamo kuhane koščke piščanca in dobro premešamo.
j) Kuhajte pet minut.
k) Dodajte riž v dve skledi.
l) Na vrh dodajte kuhano mešanico.
m) Na vrh dodajte karameliziranega piščanca.
n) Vaša jed je pripravljena za postrežbo.

TAJSKA UDOBNA HRANA

84. Tajski kikiriki kokos cvetača čičerika kari

SESTAVINE:
- Kokosovo olje: ½ žlice
- Stroki česna: 3, sesekljani
- Svež ingver: 1 žlica, nariban
- Velik korenček: 1 narezan na tanke rezine
- Cvetača: 1 majhna glava (3-4 skodelice)
- Zelena čebula: 1 šopek, narezan na kocke
- Kokosovo mleko: 1 pločevinka (lahka) (15 unč)
- Vegetarijanska juha ali voda: 1/3 skodelice
- Rdeča curry pasta: 2 žlici
- Arašidovo maslo (ali maslo iz indijskih oreščkov): 2 žlici
- Sojina omaka brez glutena ali kokosove aminokisline: ½ žlice
- Mleta kurkuma: ½ čajne žličke
- mlet rdeči kajenski poper: ½ čajne žličke
- Sol: ½ čajne žličke
- Rdeča paprika: 1 (julien)
- Čičerika: 1 pločevinka (15 unč) (splaknjena in odcejena)
- Zamrznjen grah: ½ skodelice
- Za okras:
- Svež cilantro
- Zelena čebula
- Arašidi ali indijski oreščki, sesekljani

NAVODILA:
a) Segrejte velik lonec. Kokosovo olje, česen in ingver kuhajte 30 sekund, preden dodate zeleno čebulo, korenje in cvetove cvetače.
b) Nato zmešajte kokosovo mleko, sojino omako/kokosove aminokisline, vodo, kurkumo, arašidovo maslo, rdeči kajenski poper, curry pasto in sol.
c) Nato dodajte papriko in čičeriko ter kuhajte 10 minut.
d) Vmešamo zamrznjen grah in kuhamo še minuto.
e) Za okras dodajte sesekljane arašide/indijske oreščke, zeleno čebulo in koriander.

85. Ocvrte bučke in jajce

SESTAVINE:
- Bučke: 1 olupljena in narezana na kocke
- Jajca: 2
- Voda: 2 žlici
- Sojina omaka: 1 žlica
- Ostrigina omaka: ½ žlice
- Drobno sesekljan česen: 2 stroka
- Sladkor: ½ žlice

NAVODILA:
a) V voku na močnem ognju segrejte 2 žlici jedilnega olja.
b) Dodamo sesekljane stroke česna in pražimo približno 15 sekund.
c) Dodamo 1 olupljeno in na kocke narezano bučko ter med mešanjem 1 minuto pražimo s česnom.
d) Bučke premaknite na eno stran voka in na čisto stran razbijte 2 jajci. Umešajte jajca nekaj sekund, preden jih združite z bučkami.
e) V voku zmešajte ½ žlice sladkorja, 1 žlico sojine omake, ½ žlice ostrigine omake in 2 žlici vode.
f) Med mešanjem pražimo še 2 do 3 minute oziroma dokler se bučke ne zmehčajo in prevzamejo okusa omake. Nato postrezite s prilogo dušenega riža.

86. Vegi Pad Thai

SESTAVINE:
ZA PAD THAI:
- Široki riževi rezanci: 200 gramov (7 oz)
- Arašidovo olje: 2 žlici
- Mlada čebula: 2 kosi, narezani
- Stroka česna: 1-2 (na drobno narezana)
- Pekoč rdeči čili: 1 (drobno narezan)
- Majhen brokoli: ½ (narezan na cvetove)
- Rdeča paprika: 1 (drobno narezana)
- Korenje: 2 (narezana na trakove s hitrim lupilcem)
- Praženi in nesoljeni arašidi: ¼ skodelice (30 gramov, zdrobljenih)
- Svež cilantro: 1 pest (za okras)
- Limeta: 1 za serviranje

ZA OMAKO:
- Sojina omaka brez glutena: 5 žlic
- Javorjev sirup: 2-3 žlice (prilagodite okusu)

NAVODILA:
a) Riževe rezance skuhamo, odcedimo, nato prelijemo z malo olja, da se ne sprimejo in odstavimo.
b) V ponvi segrejemo 1 žlico olja.
c) Dodajte mlado čebulo, česen in čili ter nadaljujte z mešanjem, dokler ne zadiši.
d) Postavite v ločeno servirno skledo.
e) V istem voku/ponvi segrejte še eno žlico olja in na njem približno 2 minuti pražite brokoli.
f) Mešajte rdečo papriko in korenčkove trakove, dokler niso kuhani, a še vedno hrustljavi.
g) Vso zelenjavo dajte v ločeno skledo.
h) sestavine omake in nalijte omako na dno voka/ponve.
i) Dodamo rezance in jih prelijemo z omako. Vmešajte mlado čebulo, čili, česen in popraženo zelenjavo ter pustite, da se segreje minuto ali dve.
j) Postrezite v krožnikih z zdrobljenimi arašidi, svežim cilantrom in limetinim sokom, če želite.

87.Zdrobljen krompir s čilijem na tajski način

SESTAVINE:
- Oljčno olje: 4 žlice
- Majhen mlad ali jukonski zlati krompir: 2 funta košer soli
- Ribja omaka: 2 žlici
- Limetin sok: 2 žlici
- Rižev kis: 2 žlici
- Mlet fresno ali serrano čili: 1 žlica ali rdeče-
- poprovi kosmiči: ½ čajne žličke (plus več po okusu)
- Sojina omaka ali tamari: 1 čajna žlička
- Granulirani sladkor: 1 čajna žlička
- Strok česna: 1, nariban
- Grobo sesekljan svež cilantro: ¼ skodelice
- Na tanke rezine narezane kapestose: ¼ skodelice (beli in zeleni deli)

NAVODILA:
a) Pečico segrejte na 450 stopinj Fahrenheita.
b) Pekač po celem namažite z 1 žlico olivnega olja.
c) V velikem loncu skuhajte krompir z 1 cm in 2 žlicama soli.
d) Nadaljujte s kuhanjem, odkrito, 15 do 18 minut ali dokler se krompir ne zmehča kot vilice. Kuhan krompir odcedimo v cedilu.
e) Medtem v majhni skodelici zmešajte ribjo omako, sojino omako, limetin sok, čili, rižev kis, sladkor in česen, nato dodajte mlado čebulo in koriander.
f) Krompir položite na pripravljen pekač.
g) Vsak krompir nežno zdrobite z dnom merilne skodelice, dokler ni debel približno ½ palca. Krompir pokapajte s preostalimi 3 žlicami olivnega olja in obrnite, da enakomerno prekrijete obe strani.
h) Pečemo 30 do 40 minut, dokler ne postanejo zlato rjave in hrustljave, potem ko jih začinimo s ½ čajne žličke soli.
i) Krompir zložimo na servirni krožnik, rahlo posolimo in prelijemo z omako. Postrezite takoj, okrašeno z listi cilantra.

88.Špageti Squash Pad Thai

SESTAVINE:

ZA OMAKO:
- Tamari/sojina omaka: 3 žlice
- Sladka čili omaka: 3 žlice
- Rižev vinski kis: 1 žlica

ZA PAD THAI:
- Špageti squash: 1 srednja
- Ekstra deviško oljčno olje: (za prelivanje)
- Morska sol: (za začimbo)
- Olje iz praženih arašidov: 2 žlici
- Ekstra čvrst tofu: 14 unč (odcejen, stisnjen in narezan na kocke)
- Koruzni škrob: 2 žlici
- Brokoli: 1 majhna glavica (samo cvetki in sesekljan)
- Čebulice: 5, narezane
- Stroki česna: 3 srednje veliki, sesekljani
- Fižolov kalčki: 1 zvrhana skodelica

ZA SERVIRANJE:
- Sriracha
- Praženi arašidi: (zdrobljeni)
- Rezine limete
- Svež cilantro, sesekljan

NAVODILA:
a) Pečico segrejte na 400 stopinj Fahrenheita.
b) Iz buče špagetov postrgajte semena tako, da jih po dolžini prerežete na polovico. Pokapamo z olivnim oljem, posolimo in položimo na pekač s prerezano stranjo navzgor.
c) Pražimo 1 uro ali dokler se vilice ne zmehčajo. Odlijte morebitno preostalo tekočino, nato pa z vilicami strgajte špagete na pramene. Postavite ga na stran.
d) Medtem pripravite omako: V majhni posodi za mešanje zmešajte vse sestavine in premešajte, da se povežejo. Dati na stran.
e) Na zmernem ognju segrejte veliko ponev. V sklede za mešanje stresite tofu v koruzni škrob. Tofu prepražimo v ponvi z arašidovim oljem do zlate barve.
f) Dodamo brokoli in kuhamo 3 minute.

g) V veliki posodi za mešanje zmešajte fižolove kalčke, mlado čebulo, špagete in česen.
h) Omako premešamo, da so rezanci enakomerno pokriti.
i) Postrezite z rezinami limete, arašidi, sriračo in cilantrom ob strani.

89. Dušeni cmoki z gobami Shiitake

SESTAVINE:
- Ovitki za cmoke: 1 paket (okrogli in zamrznjeni)
- Bananin list: 1

ZA NADEV:
- Shitake gobe: 3 skodelice (sveže in narezane)
- Tofu: 1 skodelica (na kocke, srednje čvrst)
- Galangal: 1-2 inčni kos (ali narezan ingver)
- Česen: 3-4 stroki
- Mlada čebula: 2 kosi, narezani
- Cilantro: ½ skodelice (listi in stebla) (svež in sesekljan)
- Beli poper: ¼ čajne žličke
- Sojina omaka: 3 žlice
- Sezamovo olje: 2 žlici
- Čili omaka: 1 čajna žlička (ali več, če želite, da so pikantne)
- Vegetarijanska piščančja/zelenjavna juha: ¼ skodelice

ZA CMOKE:
- Koruzni škrob/moka: 1-2 žlici
- Sojina omaka: za okras

NAVODILA:
a) Pustite vsaj 30 minut, da se bananin list odmrzne.
b) Soparnik obložite z 1 ali 2 plastema bananinih listov.
c) V kuhinjskem robotu zmešajte vse sestavine za nadev in obdelajte, dokler niso zelo drobno sesekljane, vendar ne v pasto.
d) Na čisto delovno površino naenkrat položite 6 ovojov cmokov. Pripravimo tudi manjšo posodo z vodo za zapiranje cmokov.
e) Na sredino vsakega zavitka položite 1 čajno žličko nadeva.
f) Nato s prsti (ali slaščičarskim čopičem), pomočenimi v vodo, navlažite zunanjo stran zavitka.
g) Če želite zapreti ovoj, strani potisnite navzgor nad nadev in pritisnite skupaj. Če želite narediti okrasni rob, stisnite vzdolž šiva.
h) Cmoke takoj kuhajte na pari ali jih pokrijte in ohladite do 3 ure.
i) Cmoke poparite, dajte v soparnik, obložen z bananinimi listi (lahko se dotikajo), in kuhajte na pari 15 do 20 minut, dokler se gobe ne skuhajo.
j) Pred serviranjem prelijemo s sojino omako in čilijevo omako.

90. Tajski tofu Satay

SESTAVINE:
SATAY
- Trden tofu: 14 oz (zamrznjen in odmrznjen)
- Polnomastno kokosovo mleko: ¼ skodelice
- Stroki česna: 3, sesekljani
- Ingver: 2 čajni žlički, nariban
- Curry pasta: 1 žlica
- Javorjev sirup: 1 žlica
- Sojina omaka z nizko vsebnostjo natrija: 2 žlici
- Bambusova nabodala: deset
- Cilantro: po okusu
- Limeta: po okusu
- Arašidi: za okras, sesekljani

ARAŠIDOVA OMAKA
- Kremno arašidovo maslo: ¼ skodelice
- Topla voda: 2 žlici
- Curry pasta: 1 žlica
- Javorjev sirup: 1 žlica
- Sojina omaka: ½ žlice
- Rižev kis: ½ žlice
- Limetin sok: 1 žlica
- Česen: ½ čajne žličke, mletega
- Sezamovo olje: ½ čajne žličke
- Sriracha: ½ žlice

NAVODILA:
a) V skledi za mešanje zmešajte sestavine za marinado, nato dodajte odmrznjen tofu in nežno premešajte, da prekrije vse koščke.
b) Pečico segrejte na 400 stopinj Fahrenheita. Mariniran tofu natrgajte na majhne koščke in jih nataknite na nabodala.
c) Pecite 30-35 minut na pekaču, obloženem s pergamentom, in ga obrnite do polovice.
d) Na koncu vključite brojlerja za 4-5 minut, da nabodala postanejo hrustljava in zogleneli robovi (ne zažgite!).
e) V majhni skodelici zmešajte vse sestavine za arašidovo omako do gladkega.
f) Postrezite satay, prelit z omako in okrašen z mletim koriandrom in arašidi.

91. Tajski ocvrti rezanci z zelenjavo

SESTAVINE:
- Kitajski pšenični rezanci: 5-8 unč (ali jajčni rezanci)
- Rastlinsko olje: 2-3 žlice (za praženje)
- Stroki česna: 4, sesekljani
- Galangal/ingver: 2-3 žlice, nariban
- Šalotka/vijolična čebula: ¼ skodelice, sesekljane
- Korenček: 1, narezan
- Shiitake gobe: 5-8, narezane na rezine
- Brokoli: 1 manjša glavica (narezana na cvetove)
- Rdeča paprika: 1 majhna, narezana
- Fižolov kalčki: 2 skodelici
- Okras: svež koriander/bazilika
- Omaka za praženje:
- Svež limetin sok: 3 žlice (ali več po okusu)
- Sojina omaka: 3 žlice (ali več po okusu)
- Ribja omaka: 1 žlica (ali več po okusu)
- Rižev kis: 3 žlice (ali beli vinski kis)
- Ostrigina omaka: 3 žlice
- Žličke sladkorja: 1 in ½-2 žlički (ali več po okusu)
- Beli poper: ¼ žličke
- Posušen zdrobljen čili: ½ - ¾ čajne žličke (ali več po okusu)

NAVODILA:
a) Rezance skuhamo do al dente v rahlo osoljeni vodi, odcedimo in splaknemo s hladno vodo.
b) V skodelici zmešajte vse sestavine za praženo omako in dobro premešajte, da se sladkor stopi. Dati na stran.
c) Na srednje močnem ognju segrejte vok ali veliko ponev.
d) Česen, šalotko in ingver med mešanjem pražimo 1 minuto na olju.
e) Dodajte korenje in 1 do 2 žlici omake za praženje, ki ste jo naredili prej.
f) Med mešanjem pražimo toliko časa, da se korenje rahlo zmehča.
g) Dodajte 3 do 4 čajne žličke omake za praženje ter rdečo papriko, brokoli in gobe.

h) Nadaljujte s praženjem, dokler se gobe in rdeča paprika ne zmehčajo in brokoli postane svetlo zelen, a še vedno hrustljav.
i) Zmešajte rezance in preostalo omako za praženje v veliki posodi za mešanje.
j) V zadnji minuti kuhanja dodajte fižolove kalčke.
k) Takoj postrezite v skledah ali krožnikih s svežim koriandrom ali baziliko, posuto po vrhu.

92.Tajski riževi rezanci z baziliko

SESTAVINE:
- Tajski riževi rezanci: 6-10 unč
- Rastlinsko olje: 2 žlici (za cvrtje)

ZA PRELIVE:
- 1 pest bazilike: za okras, sveža
- 1 pest indijskih oreščkov: za okras (narezane/zmlete)

ZA BAZILIKOVO OMAKO:
- Bazilika: ½ skodelice, sveže
- Suhi indijski oreščki: ⅓ skodelice (posušeni praženi in nesoljeni)
- Stroki česna: 3-4
- Kokosovo/olivno olje: 4 žlice
- Limetin sok: 1 žlica (sveže iztisnjen)
- Ribja omaka/sojina omaka za vegetarijance: 1 žlica
- 1 čili: po želji

NAVODILA:
a) V loncu zavremo vodo, odstavimo z ognja in dodamo rezance.
b) Ko delate omako, namočite rezance.
c) Rezance nato odcedimo in splaknemo s hladno vodo, da se ne sprimejo.
d) V mini sekljalniku zmešajte vse sestavine za baziliko omake in vse skupaj pretlačite.
e) Na srednje močnem ognju v veliko ponev vlijemo olje in ga stepamo, preden dodamo rezance.
f) Dodajte 2 žlici omake ali dokler ne dosežete želene mehkobe.
g) Ponev odstavimo z ognja. Vmešajte preostalo omako, da se enakomerno razprši.
h) Postrezite s posipom sveže bazilike in sesekljanih ali mletih indijskih oreščkov.

93. Ananasov ocvrt riž

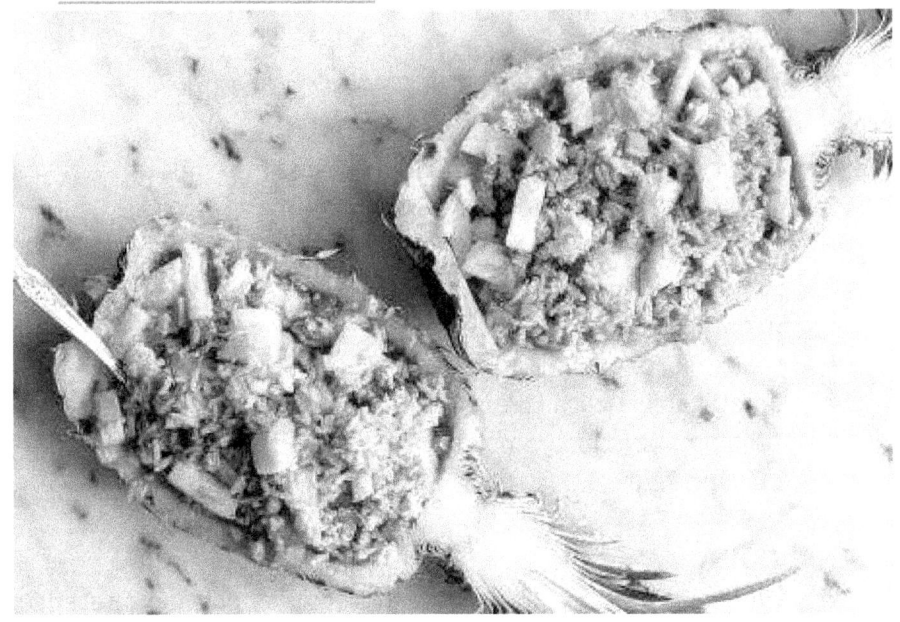

SESTAVINE:
- Koščki ananasa: 1 majhna pločevinka, odcejeni/sveži koščki ananasa: 1 in ½ skodelice
- Kuhan riž: 3-4 skodelice (raje nekaj dni star)
- Zelenjavna/umetna piščančja juha: ¼ skodelice
- Šalotka: 2 (drobno sesekljana)
- Stroki česna: 3 (drobno sesekljani)
- Rdeči ali zeleni čili: 1, narezan na tanke rezine
- Zamrznjen grah: ½ skodelice
- Korenček: 1 majhen, nariban
- Ribez/rozine: ¼ skodelice
- Nesoljeni celi indijski oreščki: ½ skodelice (praženi)
- Čebula: 3 (drobno narezana)
- Koriander: ⅓ skodelice, svež
- Omaka za praženje:
- Sojina omaka: 3 žlice
- Curry v prahu: 2 žlički
- Sladkor: ½ čajne žličke

NAVODILA:
a) Z rižem premešajte 1 žlico olja, s konicami prstov razbijte grudice in odstavite.
b) V skodelici zmešajte sojino omako in curry v prahu ter zmešajte.
c) V vok/veliko ponev na srednje močnem ognju pokapljajte 1-2 žlici olja.
d) Mešajte čili, česen in šalotko, dokler ne zadiši, približno 1 minuto.
e) Vmešajte grah in korenje.
f) V posodi za mešanje zmešajte koščke ananasa, riž, ribez, grah in indijske oreščke.
g) Mešanico ribje/sojine omake po vrhu pokapljajte s karijem in med mešanjem pražite 5 do 8 minut.
h) Izklopite gorilnik. Okusite in prilagodite okuse.
i) Recimo, da postrežete na zabavi v izrezljanem ananasu). Postrezite s koriandrom in mlado čebulo ter UŽIVAJTE!

94. Tajski kokosov riž

SESTAVINE:
- Kokosovo olje/rastlinsko olje: ½ čajne žličke
- Tajski jasminov beli riž: 2 skodelici (dobro opran)
- Kokosovo mleko: 2 skodelici (v pločevinki)
- Sol: ½ čajne žličke
- Skodelice vode: 1 ¾ skodelice

NAVODILA:
a) V loncu z globokimi stenami namažite olje po vsem robu.
b) V velikem loncu zmešajte riž, sol, kokosovo mleko in vodo.
c) Nehajte mešati, dokler tekočina ne začne rahlo brbotati.
d) Tesno pokrijemo s pokrovko in kuhamo toliko časa, da riž vpije večino tekočine.
e) Riž z vilicami potegnemo na stran, da vidimo, ali je kuhan.
f) V pari kuhajte še nekaj minut, če je ostalo še veliko tekočine. Ugasnite ogenj, ko je tekočina g1.
g) Pokrit lonec pustite na vročem gorilniku še 5 do 10 minut ali dokler niste pripravljeni za jesti, pri čemer je toplota izklopljena.
h) Poskusite sol in po potrebi dodajte ščepec več. Kombinirajte riž z vašimi najljubšimi jedmi za okusen obrok.

95.Tajski rumeni riž

SESTAVINE:

- Rastlinsko olje: 2 žlici
- Čebula: ¼ skodelice (drobno sesekljane)
- Stroki česna: 3, sesekljani
- Čilijevi kosmiči: ⅛-¼ čajne žličke (ali kajenskega popra)
- Rdeča paprika: ¼ skodelice, narezana na kocke
- Roma paradižnik: 1, narezan na kocke
- Beli tajski jasminov riž: 2 skodelici (bel basmati riž, nekuhan)
- Piščančja juha: 4 skodelice
- Limeta: 1, iztisnjena
- Ribja omaka: 2 žlici (ali sojina omaka)
- Kurkuma: ½ čajne žličke
- Žafran: ⅓-¼ čajne žličke
- Zamrznjen grah: ¼ skodelice
- Sol: po okusu
- Sveža bazilika: pest, za okras

NAVODILA:

a) Predgrejte velik lonec na močnem ognju.
b) Prilijemo olje in dobro premešamo.
c) Po tem stresite čili, čebulo in česen.
d) Po tem dodajte paradižnik in rdečo papriko.
e) Vmešajte riž, da se enakomerno prekrije.
f) Nato dodajte zalogo in povečajte temperaturo.
g) V veliki posodi za mešanje zmešajte ribjo omako, žafran (če uporabljate), kurkumo in limetin sok. Vse skupaj temeljito premešamo.
h) Pustite 15 do 20 minut, da se riž skuha.
i) Odstranite pokrov in dodajte grah, medtem ko nežno mešajte riž.
j) Ponovno pokrijte pokrov in pustite riž stati vsaj 10 minut.
k) Rižu odstranite pokrov in ga preprahajte z vilicami ali palčkami. Okusite in po potrebi začinite s ščepcem soli.
l) Okrasite z vejico sveže bazilike.

96.Prepečeni jajčevci

SESTAVINE:
ZA OMAKO
- Sojina omaka: 1 in ½ žlice
- Vegetarijanska omaka iz ostrig: 2 žlici
- Rjavi sladkor: 1 čajna žlička
- Koruzni škrob: 1 čajna žlička
- Voda: 2 žlici

ZA JAJČEVEC
- Olje: 2-3 žlice (za praženje)
- Čebula: ½ (raje bi imela vijolično čebulo)
- Stroki česna: 6 (mleti, razdeljeni)
- Rdeči čili: 1-3
- Kitajski japonski jajčevci: 1 velik/2 tanjša
- Voda: ¼ skodelice (za cvrtje)
- Sojina omaka: 2 žlici
- Sveža bazilika: ½ skodelice (razdeljeno)
- Arašidi/indijski oreščki: ¼ skodelice (posušeno praženi, sesekljani)

NAVODILA:
a) Zmešajte vse sestavine omake, razen koruznega škroba in vode, v skledi za mešanje.
b) V ločeni skodelici ali skledi zmešajte koruzni škrob in vodo. Dati na stran.
c) Jajčevec narežemo na drobne koščke.
d) Na srednje močnem ognju dodajte 2 do 3 žlice olja v vok ali veliko ponev. Nato dodajte ½ česna, čebule, čilija in jajčevcev v posodo za mešanje.
e) Dodajte 2 žlici sojine omake in nadaljujte s praženjem, dokler se jajčevci ne zmehčajo in belo meso skoraj prosojno.
f) Dodajte preostanek česna in omako, dokler se jajčevci ne zmehčajo.
g) Zdaj dodajte mešanico koruznega škroba in vode. Neprestano mešajte, da se omaka enakomerno zgosti. Ponev odstavimo z ognja.
h) Če jed ni dovolj slana, dodajte sojino omako ali limonin/limetin sok, če je preslana.
i) Dodajte 3/4 sveže bazilike in na kratko premešajte, da se združi.
j) Položite na servirni krožnik in po želji potresite s preostalo baziliko in sesekljanimi oreščki.

97. Tajsko ocvrto zelenje

SESTAVINE:
- Kitajski brokoli: 1 šopek
- Ostrigina omaka: 3 žlice
- Voda: 2 žlici
- Sojina omaka: 1 čajna žlička
- Sladkor: 1 čajna žlička
- Olje: 1 žlica
- Stroki česna: 3, sesekljani

NAVODILA:
a) Brokoli temeljito sperite in otresite odvečno vodo.
b) Odložite stebla, ki jih je treba narezati na 1-palčne kose.
c) Liste narežemo na majhne koščke.
d) V majhni skodelici zmešajte ostrigino omako, sojino omako, vodo in sladkor.
e) Na močnem ognju segrejte vok ali večjo ponev. Olje zavrtite.
f) Za nekaj sekund mešajte česen.
g) Vanj stresite stebla in liste, skupaj z omako.
h) Zelenjavo pogosto premešajte in premetavajte, dokler listi ne ovenejo in stebla niso mehka.

98. Tajsko ocvrta špinača s česnom in arašidi

SESTAVINE:
- Sveža špinača: 1 velik šopek
- Stroki česna: 4 (drobno sesekljani)
- Rdeči čili: 1
- Zelenjavna zaloga: ¼ skodelice
- Vegetarijanska ostrigina omaka/omaka za praženje: 2 žlici
- Sojina omaka: 1 žlica in pol
- Sherry: 1 žlica
- Rjavi sladkor: 1 čajna žlička
- Sezamovo olje: 1 čajna žlička
- Rdeča paprika: ½ (po želji, tanko narezana)
- Arašidi ali indijski oreščki: ¼ skodelice (grobo sesekljanih, za preliv)
- Rastlinsko olje: 2 žlici

NAVODILA:
a) V skodelici zmešajte osnovo, šeri, ostrigino omako, rjavi sladkor in sojino omako. Dati na stran.
b) Špinačo odcedimo, potem ko jo splaknemo.
c) Na srednje močnem ognju segrejte vok ali veliko ponev.
d) Vmešajte 1 do 2 žlici rastlinskega olja, nato dodajte česen in čili (če uporabljate).
e) Dodajte kosmiče rdeče paprike (če jih uporabljate).
f) Za nekaj sekund mešajte špinačo.
g) Mešajte omako za praženje, dokler se špinača ne skuha do temno zelene barve.
h) Odstranite z ognja in okusite, da prilagodite okuse.
i) Po vrhu pokapajte sezamovo olje in po vrhu potresite sesekljane oreščke.

99.Tajska soja v skodelicah zelja

SESTAVINE:
- Soja: 1 skodelica
- Čebula: ¾ skodelice, sesekljane
- Česen: 2 žlički, sesekljan
- Zeleni čili: 2 žlički (sesekljan)
- Paradižnikova omaka: 2 žlici
- Koriander: 3 žlice (sesekljan)
- Sojina omaka: 2 žlici in pol
- Tajska rdeča curry pasta: 1 žlica
- Fižolov kalčki: ½ skodelice
- Arašidi: neobvezno
- Limona: ¾ soka
- Mlada čebula: po želji
- Koriander: sesekljan
- Čilijevi kosmiči: po želji

NAVODILA:
a) Sojino zrno namočimo za vsaj ½ ure v vodi. 3-4 krat oprano.
b) Zdaj jih stisnite, da odstranite vso vodo.
c) V voku segrejte 1 žlico olja.
d) V ponvi prepražimo sesekljano čebulo.
e) Dodamo sesekljan česen in zeleni čili,
f) Dodamo sojina zrna. Kuhajte, dokler voda ne izhlapi.
g) Dodajte paradižnikovo omako, tajsko rdečo curry pasto in sojino omako.
h) Dodajte ščepec črnega popra in nadaljujte s kuhanjem. Zdaj dodajte mlado čebulo in kuhajte, dokler ni hrustljava.
i) Vanj stresite mlado čebulo, koriander, kosmiče čilija in pest praženih arašidov.
j) Stisnite limonin sok in poskusite sol.
k) Postrezite z majhnimi skodelicami zelja kot okras.

100. Tajski pečen sladki krompir in ube

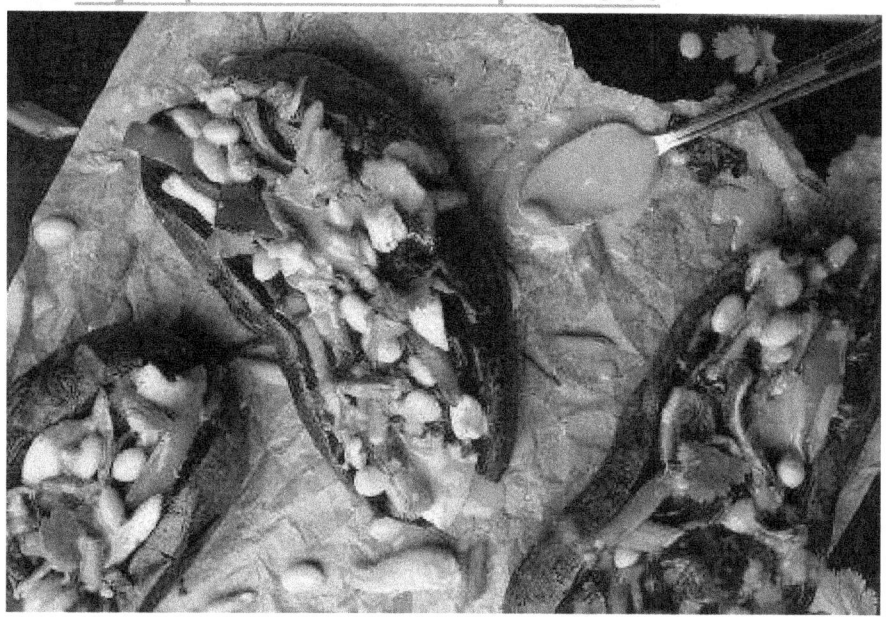

SESTAVINE:
- Sladki krompir: 2 (olupljen in narezan na kocke)
- Jam: 3-4 (vijolični, olupljeni in narezani na kocke)
- Velik korenček: 1 (sesekljan/narezan)
- Kokosovo olje/rastlinsko olje: 3 žlice
- Kajenski poper: ½ čajne žličke
- Kumina: ¼ čajne žličke
- Semena kumine: 1 čajna žlička (cela)
- Sirup: 2 žlici (rjavi riž/javorjev sirup)
- Sol: po okusu
- Črni poper: po okusu
- Koriander: 1 pest (narezan svež)
- Rdeči čili: 1 narezan (neobvezno, za okras)

NAVODILA:
a) Pečico segrejte na 350 stopinj Fahrenheita.
b) V ravno posodo zmešajte sesekljano zelenjavo.
c) Po olju potresemo semena kumine, kajenski poper in mleto kumino.
d) Za mešanje vse skupaj temeljito premešajte.
e) Posodo postavimo v pečico za 45 minut, potem ko dodamo 3 žlice vode.
f) Zelenjavo vzemite iz pečice, ko je mehka. Dodajte maslo (če ga uporabljate) in pokapljajte s sirupom, tako da jih pustite v pekaču.
g) Začinite s soljo in poprom ter premešajte, da se združi.
h) Okusite in po potrebi dodajte več soli.
i) Okrasite s koriandrom in čilijem (če uporabljate).

ZAKLJUČEK

Upamo, da ste ob zaključku našega prisrčnega popotovanja skozi »Vodnik po osnovni azijski udobni hrani« izkusili okuse, ki zadovoljijo dušo, in kulturno bogastvo azijske kulinarike. Vsak recept na teh straneh je praznovanje tolažilnih okusov, tehnik in vplivov, zaradi katerih je azijska tolažilna hrana vir veselja in nostalgije – dokaz srčnih užitkov, ki tolažijo dušo.

Ne glede na to, ali ste uživali v bogatih juhah z rezanci, sprejeli preprostost riževih jedi ali se prepustili sladkosti azijsko navdahnjenih sladic, verjamemo, da so vam ti recepti vzbudili hvaležnost za raznolike in zelo nasitne okuse azijske udobne kuhinje. Poleg sestavin in tehnik naj "OSNOVNI VODNIK ZA UDOBNO AZIJSKO HRANO" postane vir navdiha, povezave s kulturnimi tradicijami in praznovanje veselja, ki prihaja z vsakim tolažilnim grižljajem.

Ko boste še naprej raziskovali svet azijske kulinarike, naj bo ta vodnik vaš zaupanja vreden spremljevalec, ki vas bo vodil skozi različne recepte, ki prikazujejo toplino, bogastvo in duševno naravo teh priljubljenih jedi. Tukaj je, da uživate v udobju azijskih okusov, poustvarjate prisrčne jedi in sprejemate veselje, ki prihaja z vsakim grižljajem. Veselo kuhanje!

www.ingramcontent.com/pod-product-compliance
Lightning Source LLC
Chambersburg PA
CBHW071833110526
44591CB00011B/1312

Bahan Hak Cipta ©2023

Hak cipta terpelihara

Tiada bahagian buku ini boleh digunakan atau dihantar dalam apa jua bentuk atau dengan sebarang cara tanpa kebenaran bertulis yang sewajarnya daripada penerbit dan pemilik hak cipta, kecuali petikan ringkas yang digunakan dalam semakan . Buku ini tidak boleh dianggap sebagai pengganti nasihat perubatan, undang-undang atau profesional lain.